W Claus

Über die Menächmen des Plautus und ihre Nachbildung

W Claus

Über die Menächmen des Plautus und ihre Nachbildung

ISBN/EAN: 9783744612517

Hergestellt in Europa, USA, Kanada, Australien, Japan

Cover: Foto ©ninafisch / pixelio.de

Weitere Bücher finden Sie auf **www.hansebooks.com**

Zu der

Abiturienten-Entlassung,

welche

am Freitag, den 27. September, Nachmittags 3 Uhr,

im Saale der

Friedrich-Wilhelms-Schule zu Stettin

Statt haben wird,

ladet

Beschützer, Gönner und Freunde dieser Schulanstalt

ehrerbietigst und ergebenst ein

der

Director Kleinsorge.

→→⫸σϲ⫷←←

⬥⬥⬥⬥

Stettin 1861.
Druck von R. Graßmann.

Ueber die Menächmen des Plautus und ihre Nachbildung, besonders durch Shakspere.

Wenn wir die Menächmen des Plautus und ihre Nachbildung durch Shakspere zum Gegenstande unserer Untersuchung gemacht haben, so hat das seinen Grund theils darin, daß das Studium jenes ausgezeichneten Lateinischen Komikers durch den Fleiß neuerer Diorthoten, insbesondere die genialen Forschungen von Fr. Ritschl, den Fleckeisen mit vollem Rechte gleichsam als Retter des Plautus hinstellt, einen frischen Impuls und größere Klarheit gewonnen hat, theils darin, daß das „Lustspiel der Irrungen" das einzige Stück Shakspere's ist, welches ein rein klassisches, fertiges Vorbild zur Grundlage hat [*]), theils entschieden wir uns endlich deshalb für diese Untersuchung, weil diese Komödie nicht nur mit andern Stücken des Plautus dazu beigetragen hat, der Entwicklung des modernen Dramas am Schlusse des Mittelalters bei den hauptsächlichsten Völkern Europa's einen neuen Anstoß zu geben, sondern auch zu vielfachen Nachahmungen und Umarbeitungen bis in die neuste Zeit Veranlassung gab und einen nicht unwesentlichen Beitrag liefert zu den von Shakspere so häufig geübten Contaminationen, sei es nun, daß wir den Begriff contaminare mit dem sogenannten Donat in seiner Erklärung zum Prolog der Andria in der üblichen Bedeutung fassen als: ex multis (i. c. fabulis) unam facere, [**]) oder daß wir es im engeren Sinne verstehen, wie derselbe Donat zu Andr. V, 5, 3, und es mit Grauert dahingestellt sein lassen, ob es nicht eben so gut die freie Bearbeitung eines fremden Stoffes überhaupt bezeichnen könne. Denn wenn wir die Entstehungsgeschichte von Dramen wie: The Taming of the Shrew, Macbeth, Timon of Athens, Romeo and Juliet, Cymbeline, Troilus and Cressida, Pericles, King John, King Richard II u. a. verfolgen, so fällt es schwer sich der Vermuthung zu begeben, daß Shakspere neben dem lateinischen, wenigstens plau-

---

[*]) Warton in seiner Hist. of English Poetry 1781 Vol. III, p. 393 drückt diese Eigenthümlichkeit so aus: „Shakespeare was above the bondage of the classics." In Bezug auf die C. of E. kann jedoch diese bondage nicht geleugnet werden.

[**]) Man hätte vielmehr erwarten sollen: ex duabus aut pluribus.

1

tinischen Originale nicht die in den Rechnungen des Hofes zu zwei verschiedenen Malen (zu Neu=
jahr 1577 und 1582) als aufgeführt erwähnte Historie of Error (das zweite Mal entstellt in
Ferror *) benutzt habe, wiewohl ein Zweifel an der Uebereinstimmung des Inhaltes nicht aus=
geschlossen ist **).

Es darf nicht verwundern, daß, wie einst Luscius Lavinius, jener vetus poeta, über den
sich Terenz so häufig und so bitter beschwert, demselben aus der Contamination einen Vorwurf
machte, auch neuere Kritiker derselben nicht immer zugethan sind. Indessen eine unbefangene Er=
wägung wird sich mit derselben einverstanden erklären, ja kann sich kaum der Einsicht in die vielen
der dramatischen Kunst insbesondere daraus erwachsenden Vortheile verschließen. Denn mit Aus=
nahme der unselbstständigen Nachahmungen fremder Produkte, die natürlich auf den Namen einer
Contamination noch auch einer Diaskeuase keinen Anspruch machen können und von Butler, Pope
und Porson ***) fast allzuderb gegeißelt werden, muß es als ein neuer Fortschritt der Kunst be=
grüßt werden, wenn das Genie eines Dichters die Werke eines andern schaffenden Geistes benutzt,
die zu Grunde liegenden Ideen in sich neu belebt, ihre Bedeutung wie ihren Wirkungskreis er=
weitert, ihre Form verjüngt und veredelt und dieselben dadurch dem Bewußtsein seiner eigenen
Zeit einverleibt. Und daß die hierbei aufzuwendende geistige Arbeit durchaus nicht gering zu
schätzen sei, macht Grauert in seinen historischen und philologischen Analecten bemerklich, indem
er p. 123 sagt: „daß es dazu (zum eigentlich sogenannten Contaminiren) einer kunstvollen Be=
handlung bedarf, und vielleicht einer kunstvolleren, als wenn man durch eigene Erfindung eine
in sich einige und abgeschlossene Fabel bildet", was an das dem Terenz bei seinen Contaminationen
von Euanthius gespendete Lob erinnert: „media primis atque postremis ita nexuit, ut nihil
additum alteri sed aptum ex se totum et uno corpore videatur esse compositum."

Auch steht es schwerlich im Einklange weder mit dem Namen der Poesie, noch auch mit
dem Wesen der Kunst im Allgemeinen, von der Shakspere seinen Dichter selbst sagen läßt: „it
tutors nature — livelier than life" wollten wir an den Künstler und besonders den Dichter
die Anforderung stellen, seinen Stoff immer nur der eigenen Vorstellung oder den Kreisen des
äußeren geschichtlichen Lebens zu entnehmen, mit Ausschluß derjenigen Thatsachen, die, als un=
mittelbare Offenbarungen des Geistes, doch recht eigentlich wahres, unvergängliches Eigenthum
des Menschengeschlechts sind †).

---

*) History of Errors wird sie fälschlich von Gervinus, Shakspere I, p. 235 genannt.

**) Daß Shakspere auch dem von Plautus geübten „retractare" und „expolire" ursprünglich fremder Ar=
beiten namentlich in der ersten Unerfahrenheit seiner dramatischen Thätigkeit nicht ferne geblieben sei, läßt sich aus
der grimmigen Invective seines damaligen Nebenbuhlers Greene in dessen im Jahre 1592 erschienenen: „Groatsworth
of Wit" entnehmen, wo es, nach heutiger Orthographie, heißt: „There is an upstart crow, beautified with
our feathers, that, with his tiger's heart wrapped in a player's hide, supposes he is as well able to
bombast out a blank verse as the best of you; and, being an absolute Johannes Factotum, is, in his
own conceit, the only Shake-scene in a country." Und Greene hatte guten Grund zum Aerger.

***) cf. des Letztern Tracts and Miscellaneous Criticisms, Lond. 1815, p. 318 sq.

†) „Peintre du coeur humain!" wird Richardson von Diderot apostrophirt, „c'est toi seul qui ne mens
jamais!" Dafür stempelt er die ganze Weltgeschichte zu einem Romane!

Wollten wir nun gar die Dichter selbst befragen, die doch billigerweise auch gehört wer=
den müssen, so würden sie wohl fast einstimmig ihr Botum für völlige Freiheit in der Wahl des
Stoffes abgeben. Die Motivirung desselben ist verschieden; am bequemsten macht sich die Sache
Terenz, wenn er kurzweg sagt:

— „Denique
Nullum est jam dictum, quod non dictum sit prius,“
wie einer seiner Kollegen in dem Fache der Togata vor ihm bekennt:
— „sumpsi — conveniret quod mihi, quod me non posse melius facere credidi,
etiam a Latino.“

Nach diesem Grundsatze verfuhren sie denn auch ungescheut *), und man kann oft, na=
mentlich bei Komikern, eine ganze Reihe beobachten, von denen sich Einer immer offener wie der
Andere auf das Beispiel seiner Vorgänger bezieht. So sagt Terenz, der denn auch dem Caesar
geradezu ein dimidiatus Menander heißt, im Prolog zur Andria:

Qui quum hunc accusant, Naevium, Plautum, Ennium
Accusant, quos hic Noster auctores habet. (vgl. Heaut. Prol. v. 16 sqq.)

Dieser Freimuth imponirt dem Ariost, der nun auch nicht ansieht, in seiner prosaischen Bearbei=
tung der Komödie: I Suppositi, (auch li Suppositi bei ihm, aber natürlich nicht Gli Suppositi,
wie bei Delius) auf ihn als Gewährsmann sich zu berufen:
— „Non solo nelli costumi, ma negli argomenti ancora delle Favole (Eunuchus
und Captivi) vuole essere de gli antichi e celebrati poeti, a tutta sua possanza, imi=
tatore; e come essi (Plautus und Terenz) Menandro ed Apollodoro e gli altri Greci
nelle loro latine comedie seguitarono, egli così nelle sue volgari i modi e processi
de' latini scrittori schifar non vuole.“

Diese Suppositi aber, denen der Eunuchus des Terenz und die Captivi von Plautus
zu Grunde liegen, und welche frühzeitig (1566) in das Englische übersetzt wurden, hat weiter
Shakspere benutzt, um die Intrigue in seinem Lustspiel: The Taming of the Shrew in Gang
zu bringen. In dieser Weise bleiben sich die Dichter aller Zeiten und Culturvölker des innigen
Bandes wohl bewußt, das sie an das frühe Alterthum knüpft, und auch Boileau, der strenge
Meister des französischen Geschmacks, nimmt die Nachahmung desselben nachdrücklich in Schutz **).

Alle diese Beziehungen aber führen schließlich auf Hellas zurück, und in der That ist Hellas
für die Kunst, was Kanaan und Palästina für die Religion, und Deutschland dereinst für die
Wissenschaft sein wird. Wohl der Zeit, in welcher Jene, den ganzen Erdkreis umfassend, jedes
Gebiet der menschlichen Thätigkeit durchdringend und veredelnd, in voller Kraft der Reise zu ihrer
ursprünglichen Geburtsstätte wird zurückgekehrt sein.

---

*) Für die Art, wie Plautus hierbei verfuhr, findet sich Näheres besonders bei Becker, quaestiones de com.
Rom. fab. p. 82 sq. und Ladewig in dem vielgenannten Neustrelitzer Programme über den Kanon des Volcatius,
1842, p. 27 f.
**) S. seine Lettre à Mr. Perrault, ed. Amsterd. 1718 tome II, p. 272 ff. Man vergleiche besonders
auch Gervinus, Shakespeare. I, p. 260 ff.

„Qui utuntur uino uetere, sapientes puto,
Et qui lubenter ueteres spectant fabulas.“

Cas. Prol. 5 sq.

Von den 20 Lustspielen des Plautus, die, nach dem Verluste der Vidularia in nach=
priscianischer Zeit, in zwei ungleichen Hälften von 8 (Amphitruo — Epidicus) und 12
(Bacchides — Truculentus), jene stets bekannt und vielfach abgeschrieben, diese fünf Jahr=
hunderte hindurch verschüttet *), auf uns gekommen und nach der im Alterthum häufiger üblichen
Weise in alphabetischer Ordnung an einander gereiht sind, nimmt die elfte Stelle das Lustspiel
der Menaechmi ein. Genau genommen müßte es die zehnte Stelle einnehmen und vielleicht an
der Spitze jener zweiten Abtheilung gestanden haben, wären nicht theils die Bacchides aus einem
nachweisbaren Grunde dicht hinter Epidicus gestellt **), theils auch hier bei der Anordnung
der Reihenfolge nur der erste Buchstabe zu Grunde gelegt, wodurch die Menaechmi aus dem
ihnen gleich hinter den Bacchides gebührenden Platze verdrängt wurden, da die strenge Folge
gewesen wäre: Menaechmi, Mercator, Miles Gloriosus, Mostellaria ***).

---

*) f. Ritschl, Rhein. Muf. Bd. 4, p. 154 ff. und Prolegomena im ersten Bande feiner Ausg. p. XLIII.
Hiernach wurde nicht, wie Alb. von Eyb, wahrscheinlich nach Ugoleto, annimmt, auf dem Konzil zu Basel die erste
vollständige Handschrift des Plautus entdeckt, fondern Ende 1428 oder Anfang 1429, und zwar von Niccolaus von
Trier, da schon am 26. Febr. 1429 Poggio hierüber an feinen Freund Niccolo Niccoli in Florenz berichtet. Dieser
Cober kam in demfelben Jahre (1429) nach Italien in die Hände des Cardinals Orsini, und Ritschl erkannte ihn fo-
fort in dem Vatlcanischen wieder, den er mit D bezeichnet hat.

**) Der Epidicus findet nämlich Erwähnung in den Bacchides, II, 2, 214 ed. Fleckeisen; vgl. hierüber
Ritschl de Bacchidibus, Parerga p. 392 und 394.

***) Ob jene 21 Lustspiele wirklich die von Varro felbst „consensu omnium“ ausgeschiedenen und daher
fegenannten fabulae Varronianae gewefen, hat Grauert zuerst, in Ermangelung von irgend welchen Zeugnissen darüber, in Frage gestellt. Ritschl theilt diesen Zweifel nicht, giebt aber dafür einem andern Raum, dem nämlich, ob
jene fabulae Varronianae auch wirkliche Plautinae gewefen, da Varro bei ihrer Ausmahl sich doch lediglich auf
die Indices Plautini früherer Grammatiler gestützt habe. Die Gefammtzahl der unter Plautus Namen umlaufenden Komödien giebt Gellius auf 130, Servius auf 100 an. Nachdem Varro fo gleichfam 5 Procent wirklicher Activa
aus der Concursmasse des Plautus gerettet hatte, gab er damit feine Rechte als Gläubiger an den Komiler keineswegs
auf, nur daß dieser Glaube einen guten Grund haben mußte. Daher fagt Gellius: quasdam item ulias pro-
bavit. Dies quasdam hat Ritschl bis auf die Zahl 19 ausgedehnt, indem er dadurch die mittlere Zahl des Servius, 40, die er fogleich auf Varro bezog, erhielt. Der Conjectur war fomit ein weites Feld eröffnet, an dessen
Bearbeitung sich nun Ritschl mit dem unverdrossensten Fleiße machte und als Lohn feiner Arbeit fand: a. 21 fab.
Varron. erster Klasse; b. 19 do. zweiter Klaffe; c. 13 nicht varronische, im Ganzen 53, bleiben 77. Allein quasdam, namentlich gleich neben 21, auf 19 zu erweitern, ist zu viel. Den Sinn des vieldeutigen Kapitels bei
Gellius möchte ich fo faffen: Es hat zwei Hälften: die erste weist die Berechtigung einer nach inneren Gründen
entscheidenden Kritik x. nach. Die zweite Hälfte, beginnend mit tamen, durch das nachfolgende nam verstärkt,
warnt vor Uebertreibung derfelben und in dem gleich darauf folgenden Folgenden erkenne ich auf das Klarste 5 Gründe zur
Vorsicht. In dem letzten derfelben liegt dann zugleich der Grund, weshalb Varro sich auf eine weitere Sichtung
über jene 21 + quasdam hinaus nicht verstanden. 130 ist allerdings eine etwas hohe Zahl, auch für die Pro-
ductivität des gerühmten „flos poëtarum.“ Doch brachte es auch der langfame Terenz, der bis zum 35. Jahre
nur 6 Lustspiele schrieb, in Griechenland plötzlich auf 108. Auch mag Secco Polentone sich doch auf Sueton und
fomit auf Varro stützen, wenn er von dem literarischen Compagniegeschäft des Plautus spricht, wie uns ja Aehn-

Namen und Stoff dieses Lustspiels sind dem Griechischen entlehnt, wie seine Anlage dem fremden Muster nachgebildet, denn so brachte es das Wesen namentlich der palliata mit. In der Natur der Römer lag ja wenig Neigung und Anlage zur Komödie, wie es Quintilian in dem oft citirten: „in comoedia maxime claudicamus" offen eingesteht, und ihre Bühnendichter versorgten sich bei dem leichtbeweglichen und wißsprudelnden Volke der Griechen mit Stoffen für die komische Bühne, gerade wie heutigen Tages wir und Andere unsere gallischen Nachbarn, die noch immer, dem ächt gallischen Charakter getreu, novis rebus student, dafür sorgen lassen.

Der Name Μέναιχμος, ein Synonym von μενεπτόλεμος u. A., findet sich auch sonst im Alterthume als Eigenname *). In gewisser Beziehung macht der Eine der Brüder diesem Namen Ehre. Eine Erklärung der Rollennamen giebt Taubmann; indessen ist dieselbe nur da von eigentlichem Werthe, wo, nach einem auch der neueren Komödie nicht ungeläufig gewordenen Kunstgriffe, die komische Wirkung besonders der Charakterrollen durch eigens ihrem Wesen angepaßte Namen erhöht wird, wie hier die bloße Bezeichnung des Parasiten durch Peniculus (Borstwisch bei Köpke, Labrosse bei den Franzosen) im Verlaufe des Stückes zu manchen Wortspielen Veranlassung giebt **).

Der trotz der gleich anfangs ausgesprochenen Versicherung

> „Quam potero in uerba conferam paucissima"

doch „examussim" und nicht nur

> „non modio, neque trimodio, uerum ipso horreo"

ausgesponnene Prolog erzählt das Argument, mit den üblichen Abschweifungen. Der 3te Vers läßt es allein schon ziemlich wahrscheinlich erscheinen, daß der Prolog nicht von Plautus selbst, sondern von einem spätern Verfasser herrühre, der denselben etwa zu Anfange des 7. saec. schrieb, als man, nach dem Rücktritt des Terenz, sich damit begnügen mußte, den Plautus wieder in Scene zu setzen. Gewichtige Gründe für obige Annahme finden sich schon bei Osann anal. p. 178 f. und entscheidende bei Ritschl Par. und Labewig im Philologus I, p. 278 sqq., während Bern=

---

liches Eueten auch von Terenz mittheilt. Wenigstens läßt das einleitende „denique perquirenti mihi saepius" vermuthen, daß er hier aus dem von ihm vernichteten Originalcoder des Buches de poetis geschärft habe. Eben so neu wie falsch lautet, was François, der Uebersetzer von 16 plautinischen Lustspielen, hierlehrt: Plaute avait, dit-on, composé jusqu'à 120 comédies. Varron ne comptait que 23 comédies authentiques. C'étaient les meilleures. De là ce nom de Varroniennes qui leur fut donné.

*) Das Gesetz über die Bedeutung der Titel und ihrer Fassung, ob griechisch oder lateinisch, weist Ritschl nach a. a. C. p. 142 und 143.

**) z. B. I, 1; II, 2, v. 277; II, 3, v. 380. Am meisten Freiheit mit den von Plautus gebrauchten Namen nahm sich wohl Albrecht von Eybe, von dessen Uebersetzung später die Rede sein wird. Bei ihm heißt der Vater der Menächmen (Moschus bei Plautus II, 3): Kuntz; Menaechmus Sosicles: Lutz der recht; sein Bruder: Lutz der frömbd; Messenio: Fritz; Erotium: Barb; Ancilla: Ness; Mulier: Geilt; Senex: Kleis, und nur der Koch geht leer aus, genießt aber dafür die Ehre einer bildlichen Darstellung. Peniculus aber muß es sich gefallen lassen, als Haintz der Knecht zu figuriren. Epidamnus heißt dem „wildigen und hochgelarten Dector" Epidanum. So befestigt er die „fröhlichen" Namen in der ihm auch sonst geläufigen Weise durch die scharfeinschneidenden hochdeutschen eigener Erfindung.

harry Gr. Literaturgesch. II, p. 907 und Rapp in seiner Ueberseßung ihn noch für echt hielten und auf dieser Grundlage weitere Folgerungen für die griechische Komödie bauten. Somit theilt unser Prolog gleiches Schicksal mit 8 anderen, nämlich nicht von Plautus selbst herzurühren, und gehört leider zu denjenigen 4 unter diesen, die das griechische Original nicht erwähnen *).

Der Inhalt des Prologs besagt:

Ein alter Kaufmann zu Syracus hatte zwei so gleiche Zwillingssöhne, daß weder Mutter noch Amme sie zu unterscheiden vermochten. Als Beide im Alter von 7 Jahren standen, begab sich der Vater mit dem Einen nach Tarent, wo er sich jedoch verlief unter der Menschenmenge, die zu den gerade damals dort stattfindenden, im Alterthum berühmten, Spielen zusammengeströmt war. Der Vater stirbt aus Gram über den Verlust, aber der Sohn selbst wird von einem wohlhabenden, kinderlosen Kaufmanne aus Epidamnus aufgegriffen, dorthin mitgenommen, von ihm adoptirt, gut verheirathet und schließlich zu seinem Erben eingesetzt. Der andere Knabe hingegen, der nach der Entführung seines Bruders den Namen desselben, Menaechmus, erhalten hatte, zum Andenken an Jenen, macht sich später auf den Weg, denselben ausfindig zu machen und kommt zu Anfang des Stücks gerade in Epidamnus an.

Da der Inhalt dieses von hoher Bedeutung für den Zweck unserer Untersuchung ist, so geben wir ihn hier, der herkömmlichen Abtheilung in Scenen folgend, zumal die Uebersicht sich sonst leicht verwirren würde.

Act I.

Sc. 1. Der Parasit läßt uns einen Blick in sein Inneres, d. h. seinen Magen thun. Er hat mehrere Tage daheim gefastet und kann die Sehnsucht nach den vollen Schüsseln des Menaechmus nicht länger überwinden; er ist daher eben im Begriff zu diesem zu gehen, als

Sc. 2. Menaechmus selbst in großer Aufregung aus dem Hause tritt. Er schilt seine Frau, die ihn schon wieder geärgert, und kündigt ihr schließlich an, daß er zur Strafe für ihre Eifersucht heut nicht zu Hause, sondern bei einer Hetäre, Erotium genannt, speisen werde. Hierauf tritt er auf die Straße, freut sich, daß es ihm gelungen sei, seiner Frau einen Mantel zu entwenden, um ihn dem Mädchen als Geschenk hinzutragen und begiebt sich mit Peniculus nach ihrem Hause, wo dieser pocht, als auch schon Erotium heraustritt.

Sc. 3. Das Mahl wird bestellt, der kostbare Mantel der Erotium übergeben. Menaechmus begiebt sich mittlerweile mit seinem Parasiten zu einem Frühschoppen nach dem Markte. Erotium läßt ihren Koch rufen, mit dem sie

---

*) Eine oberflächliche Notiz über die Abstammung der Menaechmi giebt Taubmann p. 590 (ed. 1621). Der Meinung, daß sie von den Πωλούμενοι abstammen, widerspricht Ritschl, Par. p. 160, n. Ladewig im Philologus p. 288 sq. möchte sie auf ein dem Posidippus freilich octroyirtes Stück: Δίδυμοι zurückführen. Eigenthümlich dabei erscheint die, freilich nicht deutlich ausgesprochene, aber doch der ganzen Beweisführung versteckt zu Grunde liegende Ideenassociation von den zu Recht bestehenden Ὅμοιοι auf die apokryphen Δίδυμοι. Da der Prolog, wie oben erwähnt, einer späteren Zeit angehört, so fällt damit Rapp's auf den 12ten Vers desselben begründete Zurückführung auf Epicharmus oder gar seine Schule (f. auch Ersch und Gruber s. v. Epicharmus p. 351 n. 26) als haltlos zusammen.

Sc. 4. das Nähere wegen der Einkäufe bespricht und den Koch nach dem Markte schickt.

Act II.

Sc. 1. Der andere Menaechmus, mit dem Beinamen Sosicles, langt mit seinem Sklaven Messenio so eben in Epidamnus an. Er sucht nun schon 6 Jahre seinen Bruder und hat die Hoffnung noch nicht aufgegeben, ihn entweder lebend zu erblicken oder doch bestimmte Nachricht über seinen Tod zu erhalten. Der ungeduldige Messenio indessen sucht seinen Herrn zur Umkehr zu bereden und schildert ihm deßhalb die Einwohner von Epidamnus in so grellen, abschreckenden Farben, daß dieser sich veranlaßt sieht, ihm aus Vorsorge den Geldbeutel, den er bis dahin geführt, abzunehmen.

Sc. 2. Wie der Koch von seinen Einkäufen zurückkehrt, erblickt er vor der Thür seiner Herrin den Menaechmus, der sich mit seinem Gefolge, dem Sklaven Messenio und den Ruderknechten, auf dem Wege zur Herberge befindet. Er eilt in gutem Glauben herzu', kann sich aber mit demselben nicht verständigen, trotzdem er ihn bei Namen nennt. Er eilt daher in das Haus, um der Erotium Nachricht von seiner Ankunft zu geben.

Sc. 3. Dieselbe tritt heraus und täuscht sich gleichfalls in Menaechmus. Nach vielen Versicherungen des Irrthums, die aber natürlich keinen Eingang finden, läßt sich Menaechmus endlich bereden, sich einen Spaß mit Erotium zu machen, zumal aus ihren Andeutungen hervorgeht, daß sie alle seine Familienverhältnisse auf das Genaueste kennt. Sein Gefolge geht; Messenio wird auf den Abend wieder hinbestellt.

Act III.

Sc. 1. Der Parasit, allein, macht sich bittere Vorwürfe, daß er sich vorwitzig auf das Forum in die Volksversammlung begeben, umhergaffend den Menaechmus verloren und so das Mahl versäumt habe. Da tritt Menaechmus (Sosicles) bekränzt und mit dem Mantel der Frau seines Bruders aus dem Hause der Erotium.

Sc. 2. Men. freut sich über sein Glück, das ihm nun auch den Mantel in die Hände gespielt, den er zum Sticker tragen soll, damit dieser ihn umarbeite und so unkenntlich mache. Peniculus macht ihm die heftigsten Vorwürfe darüber, daß er ohne ihn gespeist; Menaechmus hält ihn für unklug, weßhalb sich jener entfernt, um Alles seiner Frau, wie er meint, mitzutheilen.

Sc. 3. Erotium's Magd übergiebt dem Menaechmus Sos. noch ein goldenes Armband ihrer Herrin für den Goldarbeiter. Er geht, Messenio aufzusuchen.

Act IIII.

Sc. 1. Peniculus erscheint mit der Frau des Menaechmus von Epidamnus. Dieser selbst, nicht sein Bruder Sosicles, kommt ihnen entgegen, natürlich ohne den Mantel. Sie verstecken sich, ihn zu belauschen.

Sc. 2. Monolog des Menaechmus *), der sich bei dem Rechtsstreite eines seiner Klienten wider

---

*) Eine Art Couplet, canticum genannt, dessen Text von Ritschl im Lectionsverzeichniß von Bonn 1851 emendirt und abweichend von Bothe, Hermann u. A. so abgetheilt ist, daß bis zu den Worten des Pen.: „Quid

Erwarten verspätet hat. Kaum thut er hierbei des Mantels Erwähnung, als seine Frau und Peniculus hervortreten. Er muß nach hartnäckigem Läugnen endlich die Entwendung desselben zugestehen und seine Frau verweigert ihm den Eintritt in das Haus, wenn er ihr nicht die palla zurückbringt. Men. klopft deshalb bei Erotium.

Sc. 3. Er fordert den Mantel zurück, den sie behauptet ihm erst vor Kurzem nebst Armband übergeben zu haben. Als Menaechmus dies leugnet, schlägt sie ärgerlich die Thür zu, und er geht ab zu Freunden.

Act V.

Sc. 1. Die Frau, voll Ungeduld ihren Mann erwartend, tritt heraus, wo ihr der andere Menaechmus (Sosicles) entgegentritt. Neues Mißverständniß, neues Zerwürfniß, bis sie endlich ihren Vater herbeirufen läßt.

Sc. 2. Der Alte redet erst seiner Tochter gütlich zu; sie erzählt ihm jedoch von ihrer Beraubung durch ihren Mann, worauf er sich an Menaechmus Sos. selbst wendet, der von nichts wissen will und daher von ihnen für wahnsinnig gehalten wird. Er macht gute Miene zum bösen Spiel und stellt sich nun plötzlich wirklich wahnsinnig, um Beide sich vom Halse zu schaffen. Die Frau flieht in das Haus; der Alte geht einen Arzt zu holen.

Sc. 3. Men. Sos. begiebt sich auf die Flucht zu seinem Schiffe. Der Alte kommt zurück vom Arzte.

Sc. 4. Dieser selbst erscheint, und Beide sehen Menaechmus, den Epidamnier, kommen.

Sc. 5. Nach einigen wunderlichen Fragen des Arztes, die eine eben so wunderliche Entgegnung bei Men. finden, erklärt Jener ihn für wahnsinnig und räth dem Alten, ihn nach seinem (des Arztes) Hause der nöthigen Kur wegen schaffen zu lassen. Beide, der Arzt wie der Alte, entfernen sich, um die erforderlichen Vorbereitungen zu treffen, während Menaechmus rathlos bleibt.

Sc. 6. Messenio hat inzwischen Gepäck und Ruderknechte im Wirthshause untergebracht. Er kommt, um seinen Herrn aufzusuchen und ist eben im Begriff bei Erotium anzuklopfen, als

Sc. 7. er um Hülfe rufen hört. Er eilt herbei und findet seinen Herrn in der Gewalt von 4 handfesten Burschen, die ihn zum Arzte schleppen wollen. Flugs befreit er seinen vermeintlichen Herrn, erhält zum Lohne dafür die von ihm erbetene Freiheit und eilt nach der Herberge, um das dem Men. gehörige Geld und Reisegepäck zu holen. Auch Letzterer geht, um noch einmal den Mantel von Erotium zu fordern.

Sc. 8. Messenio und sein wirklicher Herr, Men. Soc. treffen sich; Jeder macht dem Andern Vorwürfe, bis

Sc. 9. Menaechmus der Epidamnier kommt. Erkennung Beider durch Messenio's Vermittlung, der nun wirklich die Freiheit erhält. Menaechmus beschließt, sein Hab und Gut in Epidamnus zu verkaufen und mit seinem Bruder nach Syrakus zu ziehen.

---

ais?" 30 Verse herauskommen, von denen der kürzeste ein bacchischer akataleltischer Dimeter und der längste ein eben solcher Hexameter ist.

So der äußere Hergang des Stücks, dessen innere Anlage eben so einfach wie jener verwickelt ist. Der Kern des Ganzen, ein Gegenstück der Bacchides, ist die Verwechselung von zwei gleichnamigen Zwillingsbrüdern, die sich allerdings so ähnlich gesehen haben müssen, wie ein Ei dem Andern oder wie „deux gouttes de lait" nach dem Ausdruck in Les Ménechmes von Regnard. Auf der alten Bühne hatte dies nichts Befremdendes, wenn man sich die die beiden Menaechmen darstellenden Schauspieler vorstellt, wie sie eben auftreten, in Masken und der uniformen, antik-griechischen Kleidung. Damit fiel auch die, wie mir scheint, größte Schwierigkeit fort, die nämlich wegen der Stimme, welche die Illusion bei allen neueren Nachahmern eben so beim Lesen wie Darstellen stören muß, indem die vollkommene Gleichheit von zwei Stimmen kaum möglich erscheint, zumal wenn man die besonderen Verhältnisse bedenkt, unter denen Jeder von ihnen, der Eine in Illyrien, der Andere in Sicilien, aufgewachsen war *). Ja so weit ging die namentlich durch die Maske hervorgebrachte Täuschung, daß dem Publikum im Amphitruo geradezu gesagt werden mußte, an welchem Kennzeichen sie Mercur von Sosia und Jupiter von Amphitruo unterscheiden könnten, mit dem bezeichnenden Zusatze, daß dasselbe bloß für die Zuschauer werde zu sehen sein, was Molière in seinem Amphitryon wohlweislich unterlassen hat. Regnard dagegen, bei dem die Zwillingsbrüder in Trauerkleidung auftreten, sucht das wieder hervor und fingirt eine solche Aehnlichkeit zwischen beiden, daß Valentin (III, 1) seinem Herrn zu seiner eigenen Sicherheit ein Zeichen an den Hut steckt. Unstreitig am meisten unter den Neueren ist dieses Hülfsmittel der Maskirung und Kostüme dem Vorgänger Regnards, le Noble, zu Statten gekommen, in seiner im Jahre 1691 aufgeführten Posse: les Deux Arlequins. Goldoni „soll"**), denn wer hätte je alle seine (150) Komödien gesehen, viel mehr gelesen, sich dadurch geholfen haben, daß er beide Brüder durch einen Schauspieler darstellen und consequenter Weise den Einen zu rechter Zeit sterben ließ. So erzählt uns Rapp. Wie aber vollends der Verfasser der „Drillinge," welche Köpfe seiner Zeit ein Lieblingsstück der Berlinischen Bühne nannte, oder Klinger in seinen „Zwillingen" sich helfen mochte, können wir nicht angeben.

Hingegen hatte Plautus, da sein Stoff dem Griechischen entnommen war, eine eigenthümliche Schwierigkeit zu überwinden, indem bei den Griechen die Söhne nicht nach dem Vater genannt wurden; der Prolog hilft uns darüber hinfort, v. 44, und theilt dem v. Syr., gleich dem Bruder den Namen des Großvaters zu. Doch wird auch so noch gleich darauf die Warnung wiederholt:

Ne mox erretis, jam nunc praedico prius:
Idem est ambobus nomen geminis fratribus.

---

*) Das Charakteristische der Stimme besonders bei Personen, die sich nahe stehen, hat Shakspere in seiner Comedy of Errors benutzt, um den alten Aegeus ausrufen zu lassen:

„Not know my voice! O, time's extremity!
Hast thou so cracked and splitted my poor tongue,
In seven short years, that here my only son
Knows not my feeble key of untuned cares? etc."

Die Stelle steht gegen Ende des 5. Akts, und es wird dieser Gedanke daselbst noch weiter ausgeführt.

**) In dem Lustspiele: I due gemelli veneziani.

So finden wir denn die beiden Brüder in Epidamnus vor; unter den gegebenen Umständen war der Plan leicht; es mußte sich hauptsächlich um die Intrigue handeln, und es kam daher darauf an, die Brüder in möglichst viele Lagen zu versetzen, die, ohne ihr Zuthun allein vom
Schicksal herbeigeführt, sie selbst verwirrten, uns aber belustigten. Bei Plautus, der sich aller
Charakterschilderung von vornherein begiebt, ist das künstliche Gewebe zu einem Mechanismus
verschrumpft, der zuweilen in eine pièce à tiroir auszuarten droht. Aehnlich muß es bei Rotrou
sein, des Plautus getreustem Nachfolger. Regnard hat eine Abwechslung dadurch hineingebracht,
daß die beiden Brüder heterogene Charaktere darstellen. Eigenthümlich hierbei ist ihm, daß er
das, was Ulrici das phantastische Element der Komödie nennt, in subjectives Intriguenspiel um-
gesetzt hat, indem der eine Bruder gleich zu Anfang des ersten Aktes den Andern herausfindet
und überlistet. Shakspere dagegen, der die Charakteristik am gründlichsten durchgeführt, hat auch
das Wesen der Fabel am schärfsten erkannt, wie sein Titel beweist *).

In der Natur des Stückes liegt, daß die Verwicklung erst da beginnt, wo der zweite
Menaechmus auftritt, also mit dem 2ten Akte. Der Koch rührt bei Plautus den Brei ein,
und seine Herrin macht ihn gar, wenn auch nicht schmackhaft, dem modernen Gaumen wenigstens.
Von besonders komischer Wirkung hierbei ist, daß kaum, wo er den Fuß auf das feste Land gesetzt hat, genau jene tollen Abenteuer ihn treffen, die Messenio doch nur als Schreckschüsse in
seinem eigenen Interesse erfunden hatte, wie die gelassene Art, mit der dieser trotzdem Alles als
selbstverständlich hinnimmt. Ihm ist Alles: minume, hercle, mirum. „Hab' ich Euch nicht
gesagt, wie das hier zu Lande zugeht? Jetzt fallen erst die Blätter; aber laßt uns bloß drei
Tage hier bleiben, und die Bäume werden auf Euch fallen."

Und doch läßt gerade diese selbstgefällige Schlauheit unsern Messenio die allereinfachsten
Thatsachen bis zu Ende des Stückes immer wieder übersehen.

Lächerlich, obwohl nicht immer rein komisch, ist des Menaechmus anfängliche Entrüstung
über die sonderbare Zumuthung Erotium's, die jedoch bald in ein kurzes, halb unwilliges Sträuben sich abschwächt, dann in Neugierde und schließlich in eine Begierde umschlägt, die sich auch
vor keiner Unwahrheit mehr scheut, wenn sie nur ihren Willen hat. Komisch dagegen ist bei
diesem Schwanken das Schillern in der Sprache gegen Messenio und Erotium, die in dem
Grade gegen Jenen derber wird, als sie an Zutraulichkeit gegen Diese zunimmt. Das kecke Her-
einziehen aber der Putzsucht Erotium's, wie das kluge Nachgeben des losen Messenio, der sich
vor der gewaltigen Leidenschaft seines Herrn verstummend beugt, fassen das Ende des zweiten
Aktes in wahrhaft humoristischer Beleuchtung aller in dem ersten Theile der Verwicklung enthalte-
nen dramatischen Motive in ungezwungenster Weise zusammen, wobei wir jedoch natürlich von

---

*) Es gehört doch, abgesehen von allem Andern, eine sehr große Vorliebe für das Wort dazu, aus dem obigen
„erratis" den Titel der Dichtung herzuleiten, wie dies Ladewig in Philologus widerfahren, ich vermuthe, durch Steevens
verleitet, der eine ähnliche Conjectur auf den 10ten Vers des Arguments von W. W. (s. p. 00) stützt. Man sollte
meinen, die Sache, um die es sich hier handelt, böte einen solidern Boden. Und ich finde, Shakspere selbst stimmt
mir darin bei, V, 1, v. f.:
„And thereupon these Errors are arose."

der auch sonst in diesem Stücke nicht seltenen, obenein ganz unnütz hereingezogenen Ungereimtheit absehen, wonach auch in dem anderen Lager die Befangenheit so mächtig ist, daß weder der Koch noch das schlaue Mädchen an der Umgebung des Menaechmus, der von Diener, Ruderknechten und Gepäck begleitet ist, ihren Irrthum erkennen oder doch darüber stutzig werden.

Nachdem nun einmal der Knoten geschürzt ist, schreitet die Verwicklung rasch vorwärts. Kaum hat Menaechmus sein Gelüst befriedigt, so trifft ihn auch schon die Vergeltung; Parasit und Magd bringen auf ihn ein und schlagen ihn aus dem Felde, während seinen Bruder dafür das Unglück Schlag auf Schlag trifft, dann wieder auf Jenen sich entladet und schließlich all seinen Unmuth an dem aus Epidamnus auszulassen scheint, der überhaupt am schlechtesten dabei fährt, indem er sich mit Jedermann überwirft, während sein Bruder, der Hasenfuß, behend von Stein zu Stein über den tosenden Strudel hüpft.

Da es sich somit weder um eine bedeutende Handlung mit ihren Folgen, noch um die Wegräumung von Hindernissen auf ethischem oder praktischem Gebiete durch List, glückliches Zusammentreffen von Umständen oder Ueberredung handelt, sondern der lose gewebte Faden im Grunde nur an der Feststellung der Identität der beiden Brüder hängt, so geht allein schon hieraus hervor, daß die Katastrophe, streng genommen, erst in die letzte Scene fallen kann, und wenn auch die vorangehende Handlung dadurch oft unnöthig verlängert wird, so erreicht doch Plautus in ungewöhnlichem Grade das, was Aristoteles im 11. Kapitel seiner Poetik als höchste Aufgabe des μῦϑος πεπλεγμένος hinstellt: das Zusammenfallen der ἀναγνώρισις mit der περιπέτεια. Doch ist gerade diese Schlußscene durchaus nicht drastisch, sondern eher schleppend, steht daher mit dem aufregenden Treiben aller vorangehenden Scenen um so greller im Widerspruch, wofür Naudet, der im Uebrigen viel zu hart über diese Scene urtheilt, einen originellen Entschuldigungsgrund aus dem an ein umständliches Gerichtsverfahren gewöhnten Sinne der Römer herleitet. Einen äußerst energischen Abschluß dagegen hat Shakspere ermöglicht, bei dem es sich bekanntlich um die Wiedererkennung von nicht weniger als 4 Paaren handelt. Schon dies sollte uns mit seiner, namentlich von den Franzosen als überladen getadelten, Anlage aussöhnen, wo es nicht selbst bestimmend auf dieselbe eingewirkt hat.

Prüfen wir jedoch den Bau des plautinischen Lustspiels, so müssen wir gestehen, daß Plautus zwar genial in Gedanken, aber keineswegs ökonomisch in der Ausführung gewesen ist, und daß manche Scenen durchaus überflüssig erscheinen, wie I, 1; I, 4; III, 1; III, 3; V, 3; V, 6, und daß Andere allzu gedehnt und schließlich doch abgerissen erscheinen. Lose und lückenhaft, wie hiernach der Entwurf im Ganzen auftritt, erscheint vollends die Motivirung. Das ist ein Kommen und Gehen, ein Drängen und Treiben, in dem wir schlechterdings kein anderes Motiv erkennen können, als einer andern aufzutretenden Person Platz zu machen. Die Personen erscheinen, wie Euclio sich ausdrückt zu Strobilus, gleich „Regenwürmern, die plötzlich aus der Erde hervorkriechen, und noch eben nirgends zu sehen waren." Daher kommen ihnen immer zu guter Zeit die plötzlichen, von rein dramatischem Standpunkte aus völlig ungerechtfertigten, Einfälle, dies oder Jenes zu besorgen. Und wenn Jean Paul schon die poetischen Gestalten der Griechen gehende Dädalus-Statuen nennt, so erinnert uns jene kunstlose Einrichtung oft geradezu an ein Marionettentheater, zumal wir wirklich auch bei den Personen zuweilen vergessen, daß sie Fleisch und Blut haben. Denn da immer nur Wenige auf der antiken Bühne auftraten, wie noch heut bei den meisten Romanen, namentlich den Franzosen, deren Entwicklung wesentlich noch immer innerhalb der von den Römern vorgezeichneten Kreise verläuft, so folgt von selbst, daß auf sie ein zu grelles Licht fällt, und ihre ganze Erscheinung und Haltung, welche nicht, wie auf den germanischen Bühnen, durch entsprechende untergeordnete Personen vermittelt wird, in der Stataria etwas Conventionelles, in der Motoria dagegen etwas Gewaltsames, Heftiges hat, gleichsam als wären ihre Bewegungen nicht Willensäußerungen denkender und fühlender Wesen, sondern krampfhafte Zuckungen galvanisirter Körper, deren Maske der Dichter benutzt, uns seine Einfälle und Gedanken mitzutheilen. Im Allgemeinen wird man Plautus nicht Unrecht thun, wenn man zwar seinen Charakteren plastische Rundung und lebendige Gestaltung, wie seinen Ideen wirkliche Tiefe und gehaltvolle Objectivität abspricht, was, wie wir ja wissen, nicht immer seine Schuld ist, dagegen zugesteht, daß seine auf dem frischen Boden der realen Welt wurzelnden reichhaltigen Reflexionen nicht nur im Alterthum unübertroffen dastehen, sondern in ihrer typischen Musterhaftigkeit vielfach in die neueste Zeit hineinreichen. Die Darstellung aber dieser Reflexion auf dem Gebiete des Sinnlichen ist im Drama das Gespräch, und so ist es nicht zu verwundern, daß nach allen aus dem Alterthum auf uns gekommenen Zeugnissen dem Plautus einstimmiges Lob in Bezug auf den sermo ertheilt wurde, wogegen Varro wie Volcatius Sedigitus für das argumentum dem Caecilius den Preis zuerkennen. Ja der Erstere geht so weit, daß er behauptet, die Musen selbst, wollten sie Lateinisch sprechen, würden sich der Plautinischen Ausdrucksweise bedienen (Quintil. X, 1, 99), ein Compliment, das Fr. Meres in Bezug auf seinen Landsmann Shakspere dem Varro nicht schuldig geblieben ist. Und Niemand kann verkennen, daß die überraschenden Gedankenblitze, der schlagfertige Witz, die gewandten, schnellen Entgegnungen, die Schärfe, mit der jede Handhabe zu einem Wortspiele benutzt wird, wie die Virtuosität, mit der jeder Anklang an Ernst in das Gegentheil umgestimmt wird, kaum zu übertreffen sind *). Welche reiche Ausbeute ferner an Concepten, Antithesen, Alliterationen und Assonanzen, an springenden Ideenassociationen und scherzhaften Anspielungen bieten nicht schon unsere Menaechmen, Eigenthümlichkeiten, die nicht nur von Shakspere zum Theil wörtlich benutzt wurden, sondern auch das bestimmte Urtheil einiger Alten, wie Varro, Servius Clodius u. A. über Verse, die Plautinissimi waren, erklären, ein Urtheil, das Ritschl unter den Neueren gewiß eben so zukommt, s. seine Parerga. p. 122, Anm. 2 **). Indessen diese Richtung auf das rein Aeußerliche hat natürlich auch ihr

_____
*) Ein eigenes Vaterland und Geburtsstadt hat er nicht verschont (Ps. IV, 7, v. 1222). wie andererseits wieder sein eigener Name dem Verf. des Pr. zur Cas. zu der monströsen Metapher des „latrans nomen" hat herhalten müssen.

**) Von den vielen drastischen Combinationen, die sofort bei den ersten Worten des Parasiten unser Wohlgefallen erregen, will ich nur folgende aus IV, 2 anführen:

M. Egone dedi? (i. e. pallam). P. Tu, tu istic, inquam: uin' adferri noctuam, quae tu, tu usque dicat tibi? Nam nos jam defessi sumus. Der Gedanke ist so originell, daß eine passende Nachbildung keinem Uebersetzer gelingen wollte. Ob es freilich eine Nachteule giebt, die Tutu ruft, ist eine andere Frage. Shal-

Bedenkliches, und allerdings scheint Plautus in den Menaechmen mehr noch als irgendwo anders alle höheren Kunstforderungen dem Einen Zweck geopfert zu haben, die Zuschauer durch möglichst schnellen Wechsel unvermutheter Ueberraschung zu belustigen. Da ist, mögen wir nun auf die besondere Art der Einführung Erotium's, oder auf das Auftreten der beiden Brüder ihr und der Frau des Epidamniers gegenüber, oder das Benehmen des Peniculus bei dem Conflicte sehen, nirgends der Versuch gemacht, eine tiefere Grundlage für die dramatischen Vorgänge zu schaffen; und so fern blieb Plautus jedem ernstlichen Versuche, die von ihm angedeuteten, sittlichen Contraste im Verlaufe der Fabel aus den trüben Sphären der materiellen Wirklichkeit in die heitere Ruhe des versöhnten Gemüths hinüberzuführen, daß er in seiner gezwungenen Uebertreibung des Sinnlich-Komischen vielmehr bis gegen Ende beharrt, und noch im drittletzten Verse des ganzen Lustspiels die carricaturenartige Verzerrtheit uns entgegenstarrt:

„Venibit uxor quoque etiam, si quis emtor uenerit."

Hierbei wird es nicht befremden, daß mit dieser absichtlichen inneren Begrenzung und scharfen Pointirung eine selbst für die strengsten Forderungen der Einheit des Ortes nicht gewöhnliche Beschränkung auf das geringste örtliche Maß festgehalten wird, den engen Raum nämlich zwischen dem Hause des Menaechmus und dem der Erotium, die Beide nach mehrfachen Andeutungen (namentlich II, 2, 33 ed. Taubm.; v. 298 sq. ed. Didot) ganz dicht bei einander gelegen haben müssen. Gern stimmen wir dem Ausspruch Göthe's bei:

„Natürlichem genügt das Weltall kaum,
Was künstlich ist, verlangt geschloßnen Raum",

indessen, wenn wir vor diesem über alle Maßen geschlossenen Raume stehen, überfällt uns ein Gefühl, als blickten wir in einen Guckkasten, und die Virtuosität, mit welcher er seine dramatis personas auf dies Atom von Erde zaubert, sie vor unsern Augen handeln läßt wie Menschen, denen von Rechtswegen die weite Welt gehört, und mit ihnen die ganze Scala der Gefühle von der pfiffigen List bis zur sittlichen Entrüstung und dem rasenden Jähzorn durchläuft, diese Virtuosität erinnert uns fast an die vollendete Kunstfertigkeit eines Münchhausen, der sein Roß auf dem Theetische tummelt.

Dennoch, und wir haben ein Recht dies nach dem Vorhergehenden um so mehr anzuerkennen, hat Plautus eine Fülle komischen Stoffes geschaffen oder doch uns erhalten, und gerade seine Menaechmen sind nicht am ärmsten an dem, was J. Paul in seiner Vorschule zur Aesthetik §. 28 den objectiven Contrast benannt hat, der ja überhaupt in den plastischen Produktionen des klassischen Alterthums so überwiegend vorherrscht. Wie im gewöhnlichen Leben ein Ungefähr oft unsere besten Absichten vereitelt, ja das Gegentheil unerwartet zu Stande bringt, wie wir Undank ernten, wo wir eine bescheidene Hoffnung auf Dank hegten, wie zwei Freunde mit dem redlichen Vorsatze der Erheiterung sich treffen, um bald in Groll zu scheiden, dagegen der Zufall zwei Unbekannte zusammenführt, die einen ewigen Bund schließen, wie wir mit den ernst-

---

spere läßt sie bekanntlich rufen: Tu-whit, to-whoo! Ein hübsches, von Köpke und französisch mit Hülfe des veralteten dam geschickt nachgebildetes Wortspiel ist ferner Epidamnus und damnum, wozu freilich Jenes erst lateinisirt werden mußte.

haftesten Gedanken von der Welt unserem Geschäfte nachzugehen meinen, und doch der Böse uns die Schlinge überwirft, dagegen wer den Schalk im Nacken hat, plötzlich wie angebonnert von dem Ernst des Lebens steht, wie sich nimmer finden soll, was sich sucht, und was sich flieht ge= waltsam an einander gekettet wird — das Alles sehen wir aus unserem sicheren Verstecke mit an und freuen uns des Spieles des Zufalls, der uns selbst nicht zu beachten scheint. Es ist, wie beim Würfelspiel, wer die meisten Augen hat, gewinnt.

„Zufälle kommen ja den Streitenden zu gut"; aber selbst die offenbare Doppelzüngigkeit des Ausspruchs kommt unserem Stücke nicht zu gut; hier geberdet sich Jeder, als gehe er mit Sicherheit auf ein klar vorgezeichnetes, leicht erreichbares Ziel los, wir sehen ihm den ernsten Willen an, mit dem er ihm zustrebt und können kein Hinderniß gewahren — und dennoch, ehe er sich dessen versieht, wird ihm ein unsichtbares Bein gestellt, und er fällt. Und kaum, daß dieser sich erhoben, kommt ein Anderer eben so sicher, eben so selbstbewußt daher, um an derselben Stelle auszugleiten. So verkehrt sich Alles in sein Gegentheil und soll nur dem Zufall in die Hände arbeiten. Dieser selbst aber scheint im eigentlichen Sinne des Wortes eine stumme Partie und zwar die Rolle des Zerstreuten zu spielen. In dem bloßen Versinnlichen dieser bunten hete= rogenen Mischung liegt, abgesehen von aller charakteristischen Zuthat, etwas so Drastisches, daß es uns unwillkürlich an einige der glücklichsten Züge im Don Quixote erinnert und den Urtypus des schlechthin Komischen darstellt, durch seine eigene räumliche Existenz oder die entsprechende Vorstellung in unserem Geiste.

Besonders aber sind es zwei Charaktere, über welche Plautus den ganzen Zauber seines komischen Genies ausgegossen hat. Zunächst erblicken wir die wohlbekannte Figur des Parasiten, jenes Zwittergeschöpf zwischen Vice und Sir John Sack-and-Sugar, zwischen einem schwänzelnden Hündchen und einem grimmigen Wolfe, „der Knecht des Menaechmus von Essens und Trinkens wegen", wie ihn ein alter Uebersetzer nennt, und doch der naturwüchsige Humorist generis neu-trius, dessen unverwüstlicher Magen allen natürlichen Berechnungen Hohn spricht und die 4 Spe= zies selbst auf den Kopf stellt, indem der Koch, und wir wissen ja aus Plautus, wie gut die Köche sich zu berechnen verstanden, folgendes Facit herausbringt: Erotium + Menaechmus + Peniculus = 10 Gästen *). Die drollige Derbheit eines Wesens, das nur lebt, um zu essen, der cynische Humor dieser standhaften Parteigänger des allein wahren juste milieu mußte dem Plautus vielfach büßen für die Beschränkung seiner dramatischen Wirksamkeit und verfehlte nicht leicht, die Lacher auf seine Seite zu ziehen **). Auch wir müssen lachen, wenn wir ihn vor uns erblicken. Wie fest, wie bewußt, und doch wie seelenfroh, wenn er uns diesen Ausdruck ge= statten will, tritt er gleich zu Anfang des Stückes vor uns hin und weiht uns in seine Philosophie

---

*) Geschickt darauf bezogen ist zwei Scenen weiter die Stelle v. 273:

Cyl. Ubi conuiuae ceteri?

Meu. Quos tu conuiuas quaeris? Cyl. Parasitum tuum.

**) Ueber diese Beschränkung f. Hor. Ep. II, 1, 150 sqq. Auch hatte Plautus das Schicksal des Naevius wohl im Gedächtniß, wie wir in seinem Mil. Glor. II, 2, 211 sq. lesen. Ueber die Bedeutung einer solchen Be= schränkung spricht Vischer, Aesthetik, 1 Band, §. 166.

ein, gefund und unergründlich, wie ein Parafitenmagen. Wie tief und klar faßt nicht der Sklave Stasimus im Trinummus die Principien einer solchen Lebensanschauung:

> „Verecundari neminem aput mensam decet:
> Nam ibi de diuinis atque humanis cernitur. —
> Decedam ego illi de uia, de semita,
> De honore populi: uerum quod ad uentrem attinet,
> Non hercle hoc longe, nisi me puguis uicerit.
> Cena hac annonast sine sacris hereditas. *)

Das ist keine verschrobene Sentimentalität, keine himmelanstürmende Gefühlsschwärmerei, keine ankränkelnde Gedankenblässe — volles Blut in den Abern und volle Lebenslust. Doch was bedeutet jene Wolke auf Peniculus Gesicht? Freilich, Menaechmus hat sein Wort nicht gehalten, ihn um das Mahl gebracht; aber wie warm hat er nicht noch eben seinen Freund als seinen guten Genius, einen homo lepidissumus atque hilarissumus gerühmt, und er wird doch wahrlich um solcher Kleinigkeit willen nicht die Ruhe verlieren, die uns so an ihm imponirte? Und doch, wir hören Streit:

> Quid ais, homo
> Levior quam pluma, pessume et nequissume,
> Flagitium hominis, subdole, ac minume preti?

schallt es aus dem Munde des Peniculus. Auf das äußerste aufgebracht eilt er, der heut selbst bei dem losen Streiche des Menaechmus behülflich gewesen, zu deffen Frau, um ihn tückisch zu verrathen, belauscht ihn wie ein Schelm, predigt ihm Moral, muß sich aber zum Danke gar von der Frau schnippisch behandeln lassen und verläßt schließlich unter Verwünschungen auf immer das Haus des treulosen Menaechmus:

> — „properabo ad forum, flagt er,
> Nam ex hac familia me plane excidisse intellego.“

Und damit überlassen wir unseren Parafiten seinem Schicksale und verweisen im Uebrigen auf Geppert's Einleitung über die Charakterrolle des Parafiten in seiner Ausgabe der Menaechmen.

Einer andern, obgleich nicht minder derben Sphäre des Humors entnommen ist der vielbedeutende und im Grunde doch einseitige Sklave, Plautus zweite Lieblingsrolle; ich sage Lieblingsrolle, denn vom Epidicus, einem wahren Ausbunde von sklavischer Verschlagenheit, sagt er ja selbst in den Bacchides: — „Epidicum, quam ego fabulam acque ac me ipsum amo.“ Die Sklaven sind, Einer wie Alle, ihrem Herrn an List, Gewandtheit, Geistesgegenwart und Schlagfertigkeit der Rede weit überlegen**). Wo dieser rathlos am Rande der Verzweiflung steht,

---

*) Die Uebersetzung des letzten Verses durch: „Un semblable repas est si précieux. C'est un héritage annuel, exempt de la taxe sacrée“ ist doch auch für einen Franzosen unerhört.

**) Wenn Donat zu Ter. Eun. I, 1, 12 den Satz aufstellt: „Concessum est in palliata poetis comicis servos dominis sapientiores fingere, quod in togata non fere licet“, so kann das wohl keinen anderen Sinn haben, als der aus dem Charakter der sich ihrer Manneswürde strenger bewußten Römer sich von selbst ergiebt.

da springt ihm der Sklave hurtig bei, gilt es aber gar eine Geliebte zu gewinnen, oder einen mürrischen, geizigen, lüsternen, spionirsüchtigen Alten zu hintergehen, so sind sie unerschöpflich an Hülfsmitteln, unermüdlich in Gebuld und, der Keckheit mehr zugethan als der Zaghaftigkeit, werden sie nie den Kampf mit den feindlichen Mächten des Lebens aufgeben. Ja, zuweilen ist es geradezu, als weideten sie sich förmlich an den Schwierigkeiten ihrer Lage, um ihr Talent in ein um so glänzenderes Licht zu setzen. So sagt der Erzschelm Epidicus in einem durchweg ergötzlichen Monolog:

Tantae in te inpendent ruinae, nisi subfulcis firmiter,
Non potes subsistere, itaque in te inruunt montes mali.

Nur müsse man nie den Kopf verlieren und sich selbst aufgeben:

— plane corruptum'st caput.

Nequam homo es, Epidice: quid tibi libido'st male loqui?
Quia tute te deseris.

Wir sehen recht gut den Schalk, der dahinter steckt, wenn der Herr, der die ausgedehnteste Gewalt über den Sklaven hatte und dem verbero wahrlich nichts schuldig blieb, dumm und unbehülflich oder verliebt und unbesonnen, der niedrige Sklave hingegen stets klar, gewandt und genial ist; wir sehen ihn auch, so oft es der Hand des Sklaven bedarf, um Großes, ja das Lebensglück seines Herrn zu Stande zu bringen, wir sehen ihn besonders, wenn der vornehme Herr in den Netzen der Liebe schmachtet, und Jener ihm vernünftige Vorstellungen zu machen hat, aber das Alles verläuft so gutmüthig und komisch, daß wir nicht müde werden ihnen zuzuhören *). Was uns aber hierbei besonders ergötzt, ist die Einsicht, daß alle die scheinbare Aufopferung (unser Messenio wagt sein Leben für seinen Herrn), der geduldige Gehorsam, die fortwährende Anspannung vielseitiger Talente, kurz, die ganze bewundernswürdige Maschinerie dieses „excellent piece of workmanship" doch nur eine Triebfeder hat: die Hoffnung auf Freisprechung, und Niemand kann sagen, wie es ohne diesen Antrieb kommen würde. Denn nur darum gönnt man sich Tag und Nacht keine Ruhe und erträgt geduldig Mißhandlung und Schläge **). Wahrlich, wir könnten die Sklaven bedauern, wenn sie nicht zum Glück gar zu durchtriebene Schelme und trotz ihrer erhabenen Reden voller Flausen wären. Ja, wir werden geradezu ungeduldig über die Impertinenz, mit der sich ihre Herren von den überkecken Burschen behandeln lassen und

---

*) Strobilus in der Aulularia v. 589 trifft den wahren Humor dieses Verhältnisses, wonach der Sklave, welcher einem Verliebten dient, diesen heilsam zu zügeln und, gleich den Binsen, die sich Knaben beim Schwimmen unterbinden, über dem Wasser zu halten hat, damit er nicht unterfinke.

**) Plautus selbst hatte die „himmlischen Mächte" kennen gelernt, da er die Handmühle drehen mußte bei dem pistor, Müller, nicht Bäcker in plaut. Zeit, s. Ritschl Par. p. 207. Aber unter diesem äußeren Drucke wurde gerade sein Humor zu Tage gefördert. Ein merkwürdiger Zufall ist es gewiß, daß von den 3 Lustspielen, die er nach Varro's unverwerflichem Zeugnisse damals geschrieben, nichts übrig blieb, als das energische Wort:

„Opus facere nimis quam dormire mauolo:
Veternum metuo."

Man vergl. dazu das sinnige Wort Köpke's I, p. XIV sq. und das unsinnige Gefasel des Herrn François in dessen notice sur la vie et les ouvrages de Plaute, p. I, rechts oben.

wünschen, sie machten nicht so viel Umstände mit ihnen, sondern griffen frischweg zum argumentum ad hominem. Auch unser Messenio versäumt es nicht, à la Stasimus und Consorten die trefflichsten Grundsätze sittlichen Verhaltens in wohlgesetzten Monologen zum Besten zu geben, aber kaum bietet sich ihm eine Gelegenheit, sich wirklich irgendwie nützlich zu zeigen, als er sie auch benutzt um seine Freiheit, liberté und égalité, zu erhalten. Doch achten wir auf seine so merkwürdige Ueberlegung: „Einen guten Diener", sagt er, „erkennt man daran, daß er auch in der Abwesenheit seines Herrn sich seiner Interessen annimmt gerade so, als sähe er es. Möchten doch alle Trägen und Schurken immer zu rechter Zeit bedenken, daß sie nachher dafür gründlich abgestraft werden" — und man muß sagen, daß die verschiedenen Arten der von ihm aufgezählten Strafen, worunter auch die mola natürlich nicht fehlt, der Erfindungsgabe der Römer alle Ehre machen. „Vor diesem Uebel fürcht' ich mich, darum will ich lieber gut sein. Ich diene in einer Art, die da zeigt, wie lieb mir mein Rücken ist." — Ist das nicht schon ein erfreulicher Fortschritt gegen den Hallunken Thesprio, der sich nicht entblödet zu bekennen: Minus jam furtificus sum, quam antehac. — Quid ita? — Rapio propalam. Des Pudels Kern aber enthüllt uns Harpax im Pseudulus IV, 7, wenn er sagt:

Nam qui liberos se ilico esse arbitrantur etc. —
I nomen diu servitutis ferunt.

Dies die Grundzüge einer praktischen Philosophie, deren Anhänger noch keineswegs ausgestorben sind, und welche, wenn kein anderes, doch das Verdienst bescheidener Selbsterkenntniß hat. Die Gelegenheitsmoral dieser Sklavennaturen erscheint als biderber Cynismus, mit dem sich zwar immerhin etwas anfangen läßt in der Welt, der aber doch noch zu stark den Vergleich mit dem Hunde herausfordert, bei dem, wie es heißt, der Knittel liegt — formidine fustis ad bene dicendum — redacti, wie Horaz von den Komikern selbst sagt *).

Auch unser Koch, der rührige, pausbackige, wohlgerundete Cylindrus, der eifrige „studiosus Vulcani" (Aul. 355), verfällt dem allgemeinen Loose menschlicher Unvollkommenheit, so vollkommen er auch in seiner edlen Kunst bewandert zu sein scheint. Standen doch bei Plautus die Köche überhaupt nicht eben in besonderem Rufe, zumal die einer gewissen Kategorie (s. Aul. II, 4; III, 2; besonders die klassische Stelle im Pseud. III, 2). Die Köche nämlich scheinen in alter wie neuer Zeit eine mehr praktische Richtung verfolgt und die Theorie des Koch-

---

*) Hiernach läßt sich nicht gut einsehen, wie Kreyssig in seiner Kritik der C. of E. im Hinblick auf das plautinische Original darauf kam, die Stellung der Sklaven bei den Römern gegen die unseres Dienstpersonals als humaner zu rühmen, da doch im Gegentheil fast alle Stücke des Plautus die schwersten Klagen der Sklaven über Körperstrafen enthalten, aber freilich in humoristischem Tone, als etwas Selbstverständliches und leicht zu Verschmerzendes, wofür man bei Gelegenheit einmal Abrechnung halten werde, wie z. B. der Hauptspaß zeigt, den sich Libanus und Leonida in der Asinaria mit dem Sohne ihres Herrn und seiner Geliebten erlauben. Die Sklaven bei den Römern waren schwerlich zu beneiden, und Ausdrücke wie mastigia, stimulorum seges, verbero u. A. klingen gerade nicht erbaulich. Nun ist zwar richtig, daß die beiden Dromio Jeder ihre derbe Tracht Schläge erhalten, während Messenio frei ausgeht, aber dergleichen, sollte man meinen, gehöre doch einem andren Gebiete an als dem moralisirenden.

nens nicht immer genügend bemeistert zu haben, was auch weiter nicht schadet, zumal sie selbst dabei nicht zu kurz kamen. Bei Plautus, der denn doch seine Leute kennt, haben sie einen entschieden bösen Leumund; sie schwören bei ihm schlechtweg bei der Diebesgöttin Laverna, und er nennt sie geradezu Diebe, d. h. in komischer Umschreibung trium literarum homines, ja noch kräftiger heißt ein solcher Erzgauner bei ihm fur, etiam fur trifurcifer. Erotium wird daher wohl thun, auf ihren Chef ein wachsames Auge zu haben. Daß aber unser Cylindrus einst noch in späten Jahrhunderten die Aufmerksamkeit der gelehrten Welt auf sich ziehen könnte, wie ihm diese Ehre z. B. von Ladewig im Philol. I, p. 288 wirklich zu Theil geworden, hat er sich doch wohl nicht träumen lassen.

Jene Vertreter der in ihrer grotesken Form stets dankbar aufgenommenen Komik sind die fast in jedem alten Lustspiele stereotyp wiederkehrenden Charakterrollen, vollwichtig, selbstbewußt, meisterhaft und unübertrefflich ausgeprägt, die, unberührt von den Zufälligkeiten der dramatischen Gruppirung, durch das ihnen einwohnende Gewicht sofort von selbst die rechte Stelle finden und nur schwachen Oscillationen mitten in dem tollen Treiben der Welt um sie her ausgesetzt sind. Unsere Aufgabe wäre nun, uns mit den eigentlichen Trägern der Intrigue zu befreunden; hier indessen wollen wir, da die Kritik des Shakspere'schen Lustspiels vielfach Veranlassungen zu Vergleichungen bieten wird, von einem näheren Eingehen darauf abstehen und nur ihre besonderen Beziehungen auf den plautinischen Stoff des Lustspiels andeuten.

Mit Recht wird die Fülle der komischen Beleuchtung auf den zu Epidamnus wohnenden Menaechmus geworfen. Wie keck und zuversichtlich tritt er nicht gleich zu Anfang auf. Eben ist er der „Löwenhöhle" (Drachenhöhle würde unserer Auffassung mehr zusagen) seiner Gattin entronnen und hat ihr den köstlichen Streich (facinus luculentum) gespielt, einen kostbaren Mantel zu entwenden, um ihn an Erotium zu schenken. In dem Jubel seines Herzens verabredet er mit Peniculus Alles, um sich bei dieser einmal einen frohen Tag zu bereiten. Ausgelassener als heut hat er sich nie gefühlt. Aber während ihn auf dem Forum streitsüchtige Klienten wider Willen zurückhalten, bringt, man könnte recht eigentlich wohl sagen, der „Kuckuk" seinen Bruder, der sich unterdessen auf seine Kosten gütlich thut und, ein würdiges Complement der brüderlichen Liebe, mit palla und spinther aus dem Staube macht, während unser Menaechmus, dem von Frau und Geliebte gleich energisch die Thür zugeschlagen wird, den mißlichen Sitz zwischen zwei Stühlen einzunehmen bemüht ist.

„Edepol, nae hic dies peruorsus atque aduorsus mihi obtigit," klingt es jetzt kläglich aus dem eben noch so kecken Munde. Ja, und damit nicht genug, muß er sich gar gefallen lassen, als Wahnsinniger gebunden zu werden und seine Rettung einem unbekannten Sklaven zu verdanken. Doch da kommt auch schon der Bruder, und das Lustspiel ist aus. Ob Menaechmus auch wohl den Entschluß gefaßt, künftig weniger leichtsinnig und rücksichtslos zu sein, ob sein Bruder seine Lust an Abenteuern gefühlt, das Alles können wir nicht errathen. Kurz, es ist, als hätte das Ganze nur den Einen Zweck gehabt, Messenio die ersehnte Freiheit zu verschaffen, und als sähen wir einem Hazardspiele zu, wo nicht immer der gewinnt, welcher am höchsten spielt, sondern ein kleiner Einsatz oft großes Glück abwirft.

Wir glauben, trotz mancher Ausſetzungen an der dramatiſchen Structur, die leicht noch zu vermehren und greller zu motiviren wären, doch im Ganzen die Wahl unſeres Motto gut gemacht zu haben.

Und in der That verdienen die bewunderungswürdigen Leiſtungen des Plautus auf dem Gebiete des Luſtſpiels volles Lob, trotz der Verirrung Einzelner, deren reizbare Empfindlichkeit uns dieſen heiteren äſthetiſchen Genuß verargen möchte. Wahrhaft erfriſchend iſt es daher zu ſehen, wie viele wackere Männer alter wie neuer Zeit ihre Freude an Plautus gehabt haben.

Cicero,¹ der doch ſonſt die Dichtkunſt *) und namentlich die Komödie **) nicht gerade glimpflich beurtheilt, iſt, wie bekannt, ſeines Lobes voll ***). Der heilige Hieronymus ſelbſt geſteht in ſeinem Buche von der Bewahrung der Keuſchheit voll treuherziger Unſchuld: Post noctium crebras vigilias, post lacrymas, quas mihi praeteritorum recordatio peccatorum ex imis visceribus eruebat, Plautus sumebatur in manus." Auch unſere ferngeſundenen Reformatoren laſen und ſahen Plautus mit unverholenem Vergnügen, und Valentin Boltz, der Ueberſetzer des Terenz, machte um dieſelbe Zeit (1539) energiſch Front gegen jede Verwirrung der Gemüther, indem er gerade heraus erklärte: Er habe aus der weltfreudigen, ſchimpflichen, fleiſchlichen Materie der Heiden das Evangelium verſtehen lernen und doch nicht ihren Glauben und Leichtfertigkeit angenommen; Gott habe uns die ſchöne Kunſt durch die gelehrten Heiden gegeben, und wer die verachte, der verachte Gott ſelbſt." Und Lessing ſagt in ſeinem Vorbericht zur Ueberſetzung der Captivi (ed. Lachm. III, p. 29): „Findet unſere Arbeit Beyfall, ſo wird es uns ungemein ermuntern, alles mögliche anzuwenden, daß wir einmal die ſämmtlichen Luſtſpiele des Plautus unſern Landsleuten überſetzt vorlegen können. Könnte man etwas beſſers thun, den itzt einreißenden verkehrten Geſchmack in den Luſtſpielen einigermaßen zu hemmen?"

„At suave est, ex magno tollere acervo."
Hor. Sat. I, 1, 51.

So ging uns das Verſtändniß für die dramatiſche Kunſt des Plautus nicht verloren, und nicht umſonſt hatten ſeine Luſtſpiele den Sturm von mehr als 15 zum Theil troſtlos verwilder-

---

*) Sed videsne, poetae quid mali afferant? Lamentantes inducunt fortissimos viros: molliunt animos nostros: ita sunt deinde dulces, ut non legantur modo, sed etiam ediscantur. Sic ad malam domesticam disciplinam vitamque umbratilem et delicatam quum accesserunt etiam poetae, nervos omnis virtutis elidunt. Recte igitur a Platone educuntur etc. Tusc. II, §. 27 (cap. XI).

**) O praeclaram emendatricem vitae, poeticam! quae amorem, flagitii et levitatis auctorem, in concilio Deorum collocandum putet. De comoedia loquor: quae, si haec flagitia non probaremus, nulla esset omnino. Tusc. IV, §. 69.

***) Den Widerſpruch in den Urtheilen von Cicero und Horaz hat Rich. Hurd ſehr gründlich erörtert in ſeinem: Commentary and Notes on the Art of Poetry of Horace. London 1766. Das Urtheil des Horaz, wie es in der Ars poetica ſteht, iſt zu hart; was er dagegen Ep. II, 1, 63 ff. ſagt, läßt ſich eher unterſchreiben.

3*

ten Jahrhunderten überlebt, da sie bestimmt waren, einen namhaften Einfluß auf die Entwicklung des modernen Drama's auszuüben und schon frühzeitig in die gebildeten Sprachen Europa's übertragen wurden, namentlich in ihrer ursprünglichen Heimath. Venedig allein lieferte von 1514 (Asinaria in 4to) bis 1532 zehn verschiedene Stücke des Plautus, darunter die Menaechmi von einem Anonymen, in strophenartigem Metrum. Ja diese wurden, nach einer Notiz bei Hallam, schon einmal 1486 in einer Uebersetzung zu Ferrara aufgeführt. In unserem eigenen Vaterlande erschienen von den Menaechmen zu Anfange des 16. saec. eine Uebersetzung von Alb. von Eyb und Hans Sachsens Bearbeitung, die in Nürnberg aufgeführt wurde *).

Wie ist nun Shakspere zu den Menaechmen gekommen, durch Uebersetzung oder das Original? Das ist eine Frage, die in das Gebiet einschlägt, welches auch R. Farmer behandelt hat in der Monographie: „Essay on the Learning of Shakspeare." Seine Ansichten finden sich auf S. 59 der Baseler Ausgabe (1800), wo er die entgegenstehende Ansicht Georg Colman's (b. h. des Vaters, dessen tüchtige Uebersetzung des Terenz in blank verse 1765 erschien) widerlegt. Ich übergehe daher jenes Raisonnement und wende mich zu den Thatsachen der damaligen Literatur.

Im Jahre 1595 (den Ursprung der öfter fälschlich angegebenen Zahl 1515 hat Farmer p. 62, Anm. 9 nachgewiesen) erschien zu London eine Uebersetzung der Menaechmi in Quarto unter dem Titel: — Menaechmi, a pleasaunt comoedie, taken oute of Plautus, by W. W. In Shakspere's editio variorum heißt es hierüber: „This piece was entered at Stationer's Hall June 10th, 1594. In 1520, viz. the 11th year of Hen. VIII it appears from Hollinshed **), that a Comedy of Plautus was played before the king." Dies geschah in Greenwich, und auch Catharine war zugegen; aber diese Aufführung hat für uns keine Bedeutung, da sie: an excellent Interlude in Latine genannt wird.

Der Verfasser hat sich nicht genannt; indessen, geben W. W. die Anfangsbuchstaben seines Vor- und Zunamens, was Voraussetzung bleibt, so ist man berechtigt, dieselben auf William Warner zu deuten, den einst so gefeierten Verfasser der umfangreichen Epopöe: Albion's England, den, als einen „of the chiefe heroical makers" Meres schlechthin the English Homer nennen

---

*) Gervinus erwähnt eine Ausgabe jener Uebersetzung vom Jahre 1537 und meint, es sei auch z. B. eine solche von 1511 vorhanden. Ich weiß nur, daß sich eine Ausgabe von 1518 aus der Meusebach'schen Sammlung auf der Königl. Bibliothek zu Berlin befindet, und daß Gervinus hiernach den Titel falsch angiebt. Er ist nämlich: Zwo Comedien des synn reichen poeten Plauti nämlich in Menechmo un Bachide. — — Geteuutscht durch — Albrecht vo Eybe Doktor. Er war in Augsburg Rechtsgelehrter. Rlisschl im Rhein. Mus. Bd. 4, p. 154 nennt ihn Alb. von Enb oder Eybm, woraus, wie aus dem von ihm p. 162 gegebenen, nicht ganz richtigen Citat (es steht in Enbe's Vorwort zu seiner „Comedien in Bachide") klar hervorgeht, daß er jenes zweiter Hand aus Pareus 2 ed. des Plautus (p. 122) entnommen habe, der ihn Albertus ab Eyben nennt, selbst aber auch eine Ausgabe des Jahres 1518 benutzt hat, indem er sagt: — qui (Alb. ab E.) Anno Christi ∞DXIIX sic vernaculo sermone scripsit: etc.

**) „and Hall" hätte hinzugesetzt werden müssen, f. Percy Essay on the Origin of the English Stage, Reliques, ed. Mox. vol. I, p. 105.

konnte, wie Spenser den Virgil und Shakspere den Ovid. Jener Ansicht ist Wood *) und Andere **).

Dabei tritt jedoch eine Schwierigkeit ein. Die oft genannte Stelle aus III, 2: „Where (stands) France?"

„In her forehead; arm'd and reverted, making war against her hair" (wie gewöhnlich Wortspiel mit heir) führte schon Theobald durch eine Conjectur, die seiner Combinationsgabe Ehre macht, auf die Vermuthung, daß hierin eine Zeitanspielung liege, die Abfassung des Stücks somit etwa in 1591 zu setzen sei. Diese an sich subjective Muthmaßung erhält einen festeren objektiven Bestand dadurch, daß innere wie äußere Gründe, zu welchen Letzteren T. Mommsen in den scharfsinnigen Prolegomenis seiner kritischen Ausgabe des Romeo das Seinige beigetragen hat, Shakspere's Comedy of Errors als eine seiner frühesten Jugendarbeiten, wenn nicht als das erste seiner Lustspiele erweislich machen. Damit würde freilich das obige Jahr 1595 nicht stimmen; allein aus dieser Verlegenheit hilft uns die Vorrede der obigen Uebersetzung selbst, indem sie die sehr erwünschte Nachricht bringt, daß der Verfasser zum Besten derjenigen seiner Freunde, welche Plautus in der Ursprache nicht genießen könnten, seine Uebersetzungen von mehreren Lustspielen desselben privatim unter Jenen habe circuliren lassen, und daß er, der Drucker, ihn zu der Herausgabe dieses einen Lustspiels vermocht habe.

Weit entfernt daher, an der Angabe des Jahres 1595 Anstoß zu nehmen, sollte man, wie uns scheint, dieselbe gerade willkommen heißen und darauf die Vermuthung gründen, daß die Comedy of Errors nicht gut später als 1595, oder auch 10. Juni 1594 ***) habe verfaßt, viel weniger unter dem Publikum habe beliebt sein können, da doch dies allein der Grund gewesen sein kann, wie der Verleger jener Uebersetzung der Menaechmi ausdrücklich bevorwortet, in den Uebersetzer zu bringen: „to let this one go abroad." Daß aber eine solche Privatcirculation von Schriftwerken auch damals nichts Ungewöhnliches war, zeigt sich ja auch bei Shakspere selbst, von dessen Sonetten es, nach heutiger Orthographie, in Palladis Tamia heißt:

„As the sweet soul of Euphorbus was thought to live in Pythagoras, so the sweet witty soul of Ovid lives in mellifluous and honey-tongued Shakespeare: witness his — sugared Sonnets among his private friends."

*) Wood in Athenae Oxon. vol. I, no. 1, p. 334 soll sagen: „I take the translator to be William Warner, who hath Englished other Comedies of Plautus, but none of them were published before the said year, but this one."

**) Als solche werden genannt Herbert Typogr. Antiq. p. 1277 and 1280. Warton's Hist. of Engl. Poet. vol. III, p. 363. Crit. Rev. for Febr. 1773, p. 88. Mir war nur Warton zugänglich, in der Ausgabe von 1781. Danach aber muß das Citat heißen p. 473, an welcher Stelle er auch nur hauptsächlich von einer ebenfalls mit W. W. bezeichneten Uebersetzung der Novellen von Bandello spricht.

***) Vgl. sowohl die Notiz aus der Ed. Var., als auch besonders den historischen Umstand, daß Paris von Heinrich IV im Jahre 1594, am 22. März, unterworfen wurde. Somit liegt die Zeit der Abfassung wohl ziemlich bestimmt zwischen dieser Zeit und dem Jahre 1591, in welchem der Graf von Essex Heinrich zu Hülfe zog, und letzterer Zeit möglichst nahe.

Da nun die ed. princ. dieser Sonette im Jahre 1609 herauskam und zwar mit dem ausdrücklichen Vermerke: „Never before imprinted", was auch bis auf die zwei von Jaggard in the passionate pilgrim von 1599 gestohlenen richtig ist, so müßten dieselben hiernach mehr als 11 Jahr handschriftlich cursirt haben, man möchte denn der völlig unhaltbaren Annahme von J. Boaden beistimmen, daß die 1609 gedruckten und 1598 von Meres erwähnten Sonette nicht dieselben seien.

Fassen wir daher alle diese Thatsachen zusammen, so wird die Annahme mehr als wahrscheinlich, daß Shakspere den Stoff seiner Komödie aus jener Uebersetzung abgeleitet. Eine sorgfältige Vergleichung Beider muß, sollte man meinen, auf eine sichere Spur führen, wenn eben jene Uebersetzung zugänglicher wäre *). Da die Historie of Error, von deren Aufführung p. 1 die Rede war, gänzlich verschollen ist, so läßt sich der Antheil, den sie an der Comedy of Errors gehabt haben mag, nicht angeben, und es bleibt uns daher nur übrig, bei der nachstehenden Beurtheilung auf Plautus selbst zu recurriren, wobei wir unser Augenmerk insbesondere darauf richten werden, in wiefern es Shakspere gelungen ist, die ignavia, welche Horaz Ep. II, 1, 67 den alten Dichtern zum Vorwurf macht, zu überwinden und den dramatischen Stoff durch ideale Beherrschung freier zu gestatten.

Shakspere hat, wie Plautus im Miles Gl., den Schauplatz nach Ephesus verlegt, wo Aegeon nach langjähriger Trennung seine Aemilia in der Abtei findet, wie Pericles seine Thaisa im Tempel der Diana daselbst. Doch geht Epidamnus nicht leer bei ihm aus, nur heißt es beständig Epidamnum, gewiß auch ein Beweis gegen seine klassische Bildung. Die zwei Hauptpersonen sind die beiden Antipholus, Zwillingsbrüder gleich den Menaechmen, nur daß ihnen das Zwillingspaar der Dromio als Diener zur Seite steht. Antiph. von Ephesus ist genau in der Lage des Men. von Ep., verheirathet und von seinem Bruder, den er nie gekannt, ohne sein Wissen aufgesucht. Gleich den Zwillingsgeschwistern Sebastian und Viola waren auch sie durch Schiffbruch von einander getrennt, aber in zartester Kindheit. Da nun Antipholus schon 7 Jahre unterwegs ist, ohne etwas von sich hören zu lassen, so ist ihm auch sein alter Vater von Syracus nachgereist. So befinden sich jetzt alle in Ephesus. Nun mußte aber jeder Syracusaner damals zu Ephesus den Tod erleiden. Aegeon hat so eben sein Todesurtheil gehört und nur bis zum Abend Aufschub erhalten, um das durch das Gesetz für einen solchen Fall vorgesehene Lösegeld zu beschaffen.

Auch Antipholus, der auf seinen Irrfahrten eben in Ephesus angekommen, steht in dieser Gefahr, wie ihm ein dort einheimischer Kaufmann mittheilt und dabei das ihm von A. anvertraute Geld demselben zurückgiebt. A. schickt seinen Diener Dromio damit zu seiner Herberge. Unterdessen war es in des andern A. Hause unruhig hergegangen; das Mittagessen war fertig, und Adriana beschwert sich gegen ihre Schwester Luciana über den ausbleibenden Hausherrn, nach dem sie den Diener Dromio, den Anderen dieses Namens, ausschickt. Dieser trifft aber den falschen A., bittet den unverheiratheten Mann schnell zu seiner Frau nach Hause zu kommen, wird mit Schlägen fortgetrieben und von Adriana gleichfalls unter Schlägen wieder fortgeschickt. Jetzt kommt der andere Dromio zu seinem wirklichen Herrn und wird wegen seiner angeblichen Frechheit abgestraft; Adriana tritt herzu, nimmt den A. für ihren Mann, hält ihm eine Standrede über seine Untreue und nöthigt ihn trotz allen Sträubens in ihr Haus; Dromio folgt. Inzwischen trifft auch der Ephefier Dr. seinen wirklichen Herrn auf der Straße; dieser klopft nun an sein verschlossenes Haus, wird von seiner eigenen Frau als angeblich darin anwesend abgewiesen und läßt sich trotz seiner Wuth zureden, das Haus nicht mit Gewalt zu öffnen, sondern geht zu einem Mädchen, wegen dessen ihm sein eifersüchtiges Weib schon öfter Vorwürfe gemacht. Dahin bestellt er nun auch den Goldschmied mit der ursprünglich für Adriana bestimmten Kette.

Sobald sie auf diese Art in dem Porpentine, dem Wohnhause jenes Mädchens, untergebracht sind, kommen die Andern A. und Dr. wieder zum Vorschein, Jener nicht ohne einen Korb von Luciana, der er zu ihrer nicht geringen Verwunderung einen Antrag gemacht. Herr und Diener verabreden ihre sofortige Abreise aus diesem Zauberlande am Abend. Kaum ist Dr. fort ein Schiff zu heuern, als der Goldschmied dem A. die Goldkette, ohne Bezahlung, aufdrängt. A., der jetzt überflüssig ist, entfernt sich mit den Schlußworten des 3. Aktes:

I'll to the mart, and there for Dromio stay.

Von nun an heftet sich alles Unglück an des Ephesiers Fersen.

Er sendet seinen Dr. ab, einen Strick für seine Frau und Consorten zu kaufen. Da tritt der Goldschmied an ihn heran und fordert für die angeblich überreichte Kette sein Geld, das er nothwendig brauche, ja macht Miene ihn dafür zu verhaften. Zum Glück kommt Dr., nur ist es der falsche, und bringt Nachrichten aus dem Hafen. A. schickt ihn zu Adriana, das nöthige Geld zu holen. Er trifft das auch glücklich und erhält das Geld, bietet das aber wieder seinem eignen Herrn an, zu dem nun auch das Mädchen tritt und sich entweder den heute ihr genommenen Ring oder die dafür verheißene Kette ausbittet. Sie stempelt den A. nach seinen ihr sinnlos erscheinenden Reden zum Wahnsinnigen und beredet nun Adriana, ihren rasenden Gemahl binden und abführen zu lassen. Im letzten Akte treffen sich Alle vor einer Abtei; Antipholus von Syrakus mit seinem Dromio, der von dem Goldschmied verfolgt sich in dieselbe flüchtet, Adriana und Luciana, die ihn als ihren Mann und Schwager heraushaben wollen, Aegeon mit dem Herzoge, der ihn hinter der Abtei will hinrichten lassen und endlich der Gemahl der Adriana mit seinem Diener, die sich losgerissen haben und Rache schnaubend heranstürzen. So wird die Versöhnung am Schluß in einem großartigen Bilde zusammengefaßt.

Haben wir nach dem Obigen noch nöthig, auf die zahlreichen scenischen wie dramatischen Schwächen des Stückes aufmerksam zu machen, die oft um so weniger zu entschuldigen sind, als sie aus der Sucht entspringen, unsere Neugierde oder Aufmerksamkeit durch eine unerwartete Intrigue rege zu erhalten und diesen Mangel in einer Weise übertreiben, daß die Zuschauer selbst aus dem Labyrinthe der wild auf sie eindringenden Vorstellungen nicht herausfinden können? Ja wir sehen, daß Shakspere seinem Vorbilde theilweise mit einer Unbesonnenheit gefolgt ist, die unfähig oder unwillig geblieben ist, die einfachsten Widersprüche zu beseitigen oder die äußere Form des Lustspiels kunstgerecht abzurunden. Dennoch wird Jeder, der dies Lustspiel gelesen, sich erinnern, daß der Dichter ihm gar keine Zeit gelassen, über etwanige scenische Mängel nachzuden= ken, wie z. B. die gänzliche Unwahrscheinlichkeit vollkommener äußerer wie innerer Uebereinstim= mung zwischen je zwei Personen, zu damaliger, d. h. des Stückes, Zeit; so vollständig hat er es verstanden, gleich von vornherein das Interesse des Lesers auf den geistigen Inhalt des Stückes, die Charaktere, zu spannen. Und wirklich, wer Beides zusammen hält, muß zugestehen, daß eben jene handgreiflichen zahlreichen Mängel nur ein um so günstigeres Licht, wenn auch in indirecter Brechung, auf die Kunst der inneren Anlage werfen. Indessen, da es die Natur unserer Auf= gabe fordert, daß wir, mit Rücksicht auf das Vorbild Shakspere's, unsere Aufmerksamkeit mehr auf den relativen Gehalt richten, den er seiner Nachbildung mitzutheilen vermocht hat, so müssen wir, die ausführliche Würdigung der absoluten Mängel derselben ausschließend, an dieser Stelle zunächst betrachten, in wie weit die dramatische Anlage durch den Einfluß seines lateinischen Vorgängers beeinträchtigt ist, dann aber, wie er durch die echt künstlerische Auffassung der darin verwickelten Charaktere die bei Plautus oft nur unvollkommen angedeuteten Grundgedanken dargestellt hat. In Bezug auf den ersten Punkt tritt, neben einer ungewöhnlichen Ueberfülle des dramati= schen Stoffes, der unserer rein vorstellenden Phantasie einen allzuweiten Spielraum läßt und das Interesse eher abstumpft als erhöht, besonders grell die Art hervor, in welcher Shakspere Mäd= chen und Frau zusammen agiren läßt, wie namentlich Act IV, 4. Vom Standpunkte der Kunst zwar haben Lady Macbeth und Cordelia, Cleopatra und Miranda natürlich gleiches Anrecht auf Geltung, aber dieselbe ästhetische Scheu, die ihn lehrte, die beiden Antipholus, mit Aus= nahme freilich der nur leise durchschimmernden Anspielung auf den Ring, nicht den Einen als Schelm, den Andern als Plünderer und Tyrannen seiner Frau darzustellen, hätte ihn noch mehr abhalten sollen, zwei solche Wesen, wie Adriana und das Mädchen, gemeinschaftliche Sache, zumal in solcher Angelegenheit, gegen einen und denselben Mann nämlich, machen zu lassen.

Mußte Plautus, für den ja doch in Bezug auf Zeit und Vorbild ganz andere Verhält= nisse vorlagen *), auch hierin nachgeahmt und Antipholus schließlich gebunden werden, so gab es andere Mittel, mußte es geben für den Dichter. Die Schwierigkeit, welche hier den Genius Shakspere's überwältigt hat, stammt aus dem Inventar des Plautus, dessen echt klassische, unse= ren Verhältnissen jedoch tief widerstrebende Parasitenrolle als häuslichen Störefried es auszufül= len und damit die Person Erotium's zu verschmelzen galt. Aber Shakspere bedachte nicht, daß, wenn dies Agens nach der Tradition der lateinischen Komödie allerdings herkömmlich und be= rechtigt war, damit doch ein gleiches Auftreten des Mädchens bei ihm mit nichten entschuldigt wurde. Auch darin war Plautus viel weiser, den Peniculus bei Zeiten abtreten zu lassen, gleich dem Mohren, der seine Dienste gethan, während unsern Dichter doch nur die sinnlich=phantastische

---

*) S. für letztere Fr. Schlegel über die Darstellung der weibl. Charakt. in den griech. Dichtern, bef. p. 86 f.

Sucht großartiger Gesammtgruppirung am letzten Ende des Drama verleiten konnte, dies Mäd= chen ganz unnöthiger Weise selbst bis in den Schlußact mit hinüber zu nehmen.

Ueberhaupt hat sich Shakspere in allem der niederen Komik Angehörigen dem Plautus gefügt und nicht leicht ein, wenn auch unlauteres Motiv verschmäht, dem Fortgange der Hand= lung aufzuhelfen. So ist der Entschluß des Antipholus „to start some other where" bei Shakspere fast wörtlich so motivirt, wie bei Plautus, nur daß hier Menaechmus zur Frau selbst sagt:

> Atque adeo, ne me nequidquam serues, ob eam industriam
> Hodie ducam scortum, atque ad coenam aliquo condicam foras;

während Shakspere die Worte:

> — this woman that I mean,
> My wife (but, I protest, without desert)
> Hath oftentimes upbraided me withal;
> To her will we to dinner —

seinen Antipholus in schonenderer Weise zu seinen Freunden sprechen läßt.

Indessen sehen wir ab von diesen und ähnlichen Mängeln der äußeren Structur, so bleibt uns doch ein reicher dramatischer Stoff, dessen verschlungenes Knäuel wir nur dann hoffen dürfen zu entwirren, wenn es uns gelingen sollte, den richtigen Faden herauszufinden.

Daß unser Lustspiel einem Geiste entstammt, in dessen Tiefen ein Othello, eine Katharina, ein Antonio und eine Desdemona als Keime schlummerten und daß dasselbe einer seiner Erstlings= versuche in der Komödie ist, zeigt recht deutlich die innere Anlage der Entwickelung.

Ja so weit geht die Unbefangenheit des Dichters, in dem eine überreiche Gedankenwelt gerade damals aufging, daß er sein Lustspiel noch nicht scharf genug zu umgrenzen vermochte, um es vor Uebergriffen auf andere Gebiete zu bewahren. Dies ist der Grund, weshalb selbst der Grundton ein so wenig durchgreifender ist, daß wir deutlich drei verschiedene dichterische Elemente erkennen:

> ein episch=dramatisches,
> ein rein dramatisches,
> ein lyrisch=dramatisches.

Wie diese sich vertheilen, wird sich später zeigen.

Daneben, und fast genau folgerichtig aus dem obigen Grundgesetze der Dichtung sich er= gebend, sehen wir dargestellt:

> Vergangenheit,
> Gegenwart,
> Zukunft.

Ferner erblicken wir vor uns:

> ein Ehepaar, das sich sucht, aber nicht findet,
> ein Ehepaar, das sich besitzt, aber flieht,
> ein Paar, das sich findet, ohne zu suchen, aber nicht besitzt.

4

Jetzt wird, abgesehen von äußeren Verhältnissen, Alter, Lage, Aufenthalt, die andere Anhaltspunkte bieten würden, unsere Absicht schon klarer hervortreten: Jene drei zuerst gegebenen Verhältnisse repräsentirt die Dichtung

in Aegeon und Aemilia,

in zweiter Linie stehen Antipholus von Ephesus und Adriana,

endlich kommen Antipholus von Syracus und Luciana,

so daß also Antipholus nebst Adriana die Mitte zwischen zwei extremen Lagen bilden, gleichsam die mittlere Proportionale. Hiermit ist aber auch, ich möchte sagen a priori gefunden, daß dem ganz in der Vergangenheit stehenden würdigen Paare des Aegeon und der Aemilia das heroisch-epische, dem Mittelpaare das eigentlich dramatische, wie dem jüngsten Paare das lyrische Element zur wahren Folie dient, was weiterhin sich klarer herausstellen wird, obgleich es natürlich nie als Facit eines Rechenexempels in die Augen springen kann. Nur so viel sei bemerkt, daß Antipholus-Adriana der dramatische Schwerpunkt sind, um den sich alles Andere und zwar in obiger Weise gruppirt. Nur so läßt sich der Grundton für die Beurtheilung gewinnen. Alles Uebrige, außer dem oben Genannten, muß in Bezug auf Charakteristik dagegen von selbst in den Hintergrund treten; die beiden Dromio in ihrer meist blitzschnellen Verwendung müssen jeden aufsteigenden Gedanken des Dichters gnomenhaft sofort ins Leben rufen und ersetzen ihm eigentlich unseren electrischen Telegraphen, wobei sie nebenher die verwandte Rolle des Blitzableiters für die üble Laune ihrer verschiedenen wirklichen oder falschen Herren übernehmen *); der Goldschmied tritt als reiner Geschäftsmann auf, ohne besonderen Charakter; die andern Nebenrollen treten hervor nur um abzutreten, wie Trümmer vom Strome dahingerissen: der arme Tropf, der in der Haut des Pedanten Pinch steckt, ist eine groteske Verzerrung einer schon bei Plautus im Burlesken stecken gebliebenen Karrikatur, die den groundlings, denen eben auch, wie Prinz Heinrich sagt, nothing pleaseth but rare accidents, geopfert wird, wie man den Heißhunger von Wölfen stillt, und endlich die Courtezan erscheint gerade zu nur als Eigenthümerin eines Fingers, auf dem ein kostbarer Ring gesteckt hat. So schrumpft allerdings die sinnliche Masse der Komödie, die in dem Dämmerlichte der Betrachtung so große Dimensionen anzunehmen schien, bei klarer Beleuchtung zu dem leicht übersehbaren Körper jener drei Gruppenpaare zusammen, zu denen wir, als dem ersten derselben, dem festen heroisch-epischen Theile zugehörig, allerdings noch den Herzog zählen müssen.

Diese solide Grundlage nun, welche bei Plautus der, nicht einmal von ihm selbst verfaßte, Prolog schaffen mußte, wird durch den wesentlich der Vergangenheit zugekehrten, würdigen Aegeon gelegt, und zwar mit derselben epischen Breite, die schon Ritschl an den Prologen bemängelte (v. Parerga p. 19). Aber dem alten Manne verdanken wir das nicht weiter; tritt er

---

*) Man täusche sich nur nicht in der ungebundenen Lustigkeit, der sich diese überlassen; sie finden trotzdem eine echt künstlerische Verwendung in dem Ganzen, und es gilt hier recht eigentlich von Shakspere, was Bergk an Cratinus und der ganzen attischen Komödie so lobend hervorhebt: „Sane enim hilaritate summa abundat, non tamen in leporis facetiarumque perpetuitate versatur, sed strenue proposili gravitatem persequitur."

doch nicht, wie im Prolog, im Auftrage des Dichters auf, sondern in seiner eigenen Herzens= angelegenheit. Denn obwohl die Vergangenheit für ihn eine schmerzvolle gewesen, so hat er sich doch sein Herz gerettet, ja es klingt uns gerade aus seinen gebrochenen Accorden der tiefe ver= söhnende Ton eines Humors entgegen, dem in dem eigenen schweren Leiden das rechte Verständ= niß dieses Lebens und seiner Bestimmung aufgegangen ist. Sein Geschick ist eine Kette schweren, unverschuldeten Leidens, das unser tiefstes Mitleid erweckt, und dessen würdevolle Erhabenheit neben dem unerforschlichen Rathschlusse einer höheren Macht einen tragischen Effect haben müßte, wenn nicht alles als Reflexion der Reflexion in der Erzählung aufträte; dadurch werden wir unwillkürlich veranlaßt, unsere Abzüge auf eigene Rechnung zu machen und ihm unsere einem frischeren Boden entspringende Hoffnung zu leihen, die in ihm erstorben zu sein scheint. Aber auch so noch schneidet es uns ins Herz, wenn der alte Mann nach mehr als 25 langen Jahren des herben Verlustes, der den Wendepunkt seines beglückten Lebens bildete, noch nicht über die Erzählung hinwegkommen kann ohne jene innere Bewegung, die ihn am Sprechen hindert. Die Liebe ist der Grundton seines standhaften Herzens; diese abenteuerliche Reise des alten Handels= herrn selbst ist der beste Beweis dafür, aber wir vernehmen ihren tiefen Glockenton in einer durch den Schmerz gedämpften fast überirdischen Melodie. Wie herzlich und doch nicht unmännlich ist die Rückerinnerung an das dahingegangene Glück, wie lebhaft jeder kleine Zug aus jener Zeit. Ausdrücke wie: the pleasing punishment that women bear; my wife, not meanly proud of two such boys; ferner:

> „Yet the incessant weepings of my wife,
> Weeping before for what she saw must come,
> And piteous plainings of the pretty babes,
> That mourn'd for fashion, ignorant what to fear, *)

und: My wife more careful for the latter-born, zeigen allein schon des Greises liebenswür= digen Humor, der aber doch nicht in seiner vollendeten Klarheit uns entgegenstrahlen durfte **),

---

*) Der tief gemüthliche Zug, daß unschuldige Kinder bei ihren im Schmerz erprobten Aeltern gleichsam in die Lehre gehen, um auch das Weinen zu erlernen und der Keim des jungen Herzens durch Sympathie geweckt wird, ist recht charakteristisch für die Weltanschauung des Dichters, von dem es in Johann Aubrey's Manuscripte heißt: „[Ben Johnson and] he did gather humours of men dayly whereever they came." Man vergleiche Tit. Andr. III, 2:

> Marc. Alas, the tender boy, in passion mov'd,
> Doth weep to see his grandsire's heaviness.
> Tit. Peace, tender sapling; thou art made of tears,
> And tears will quickly melt thy life away.

Derselbe Gedanke in Caes. III, 1: thy heart is big etc. Besonders gehört hierher Tit. Andr. V. 3:

> Come hither, boy: come, come, and learn of us
> To melt in showers.

S. auch Scott, Lady of the Lake, III, 15 und ib. 20. W. Irving, Sketch-book, The widow and her son: A few of the neighbouring poor had joined the (funeral) train etc. ed. Tauchn. p. 94.

**) Daher: O, had the gods done so, I had not now
Worthily term'd them merciless to us!

da die vollkommene Verſöhnung eben der weiteren dramatiſchen Entwickelung vorbehalten blieb. So iſt Aegeon allmälig für ein beſſeres Leben gereift; er beruhigt ſein Herz, wie einſt Odyſſeus that (Od. 20, 18) ja wie der Herold bei Aeſchylus (Agam. 522 ed. Blomf.) ruhig und mit Freuden ſein Leben den Göttern anheimſtellt:

Χαίρω· τεθνάναι δ'οὐκ ἔτ' ἀντερῶ θεοῖς,

bewahrt auch Aegeon, wie Einer, der am erſehnten Ziele ſeines Lebens ſteht, ſeine Faſſung im Angeſicht des Todes, in der klaſſiſchen Ruhe des epiſchen Herganges, mit den ſchmerzlichen Worten:

Yet this my comfort; when your words are done,
My woes end likewise with the evening sun.

Wir verlaſſen den hoffnungloſen Aegeon, um ihn am Schluß des Drama's, noch ehe die Sonne untergegangen, zu unſerer Freude ſchnell am unerwarteten, frohen Ziele anlangen zu ſehen. Ihm zunächſt ſteht der Herzog, innerlich wie äußerlich. Unſerer ganzen Auffaſſung nach er= ſcheint er wie von ſelbſt als ein nothwendiges Glied, um die dramatiſche Kette feſt zu ſchließen, ja, wir ſind ſoweit davon entfernt, ihn entbehren zu können, daß wir auf ſeine Charácteriſtik neben den wenigen Hauptperſonen näher eingehen müſſen, zumal ſich dieſelbe nach den oben auf= geſtellten Grundgedanken wie von ſelbſt ergiebt. Während nämlich unſer Gefühl durch das vom Schmerz faſt allzuſehr erweichte Herz des Aegeon in Gefahr ſtand, dem Mitleid zu viel Raum zu geben, tritt mit dem Auftreten des ſtrengen Herzogs ſofort die Spannung der Furcht (vor dem Schickſale des Aegeon) als heilſames Zuchtmittel jener unbeherrſchten Stimmung auf und führt uns zu beſonnener Mäßigung zurück. Für die epiſche Grundlage dieſes Theiles des Drama, welche die Dinge nimmt wie ſie ſind, in ihrer vollen, von keinem Gefühle, keiner Reflexion ge= ſchmälerten Objectivität, paßt es ganz vortrefflich, den Herzog ſchlechthin darzuſtellen als unpar= teiiſchen Vollſtrecker der evenhanded justice, wie ſie Macbeth nennt. Dieſe Epik mußte, zu= mal in dem bewußten Gegenſatze gegen die luſtige Laune der hierauf gebauten Komödie, ganz von ſelbſt in die Tragik umſchlagen, und es iſt, als hätte der Dichter die Poetik des Aristoteles geleſen, ſo genau geht er auf ſie ein. Nicht als ob Shakſpere wirklich auch ſo reflectirt oder das Alles genau ſo beabſichtigt habe; die Reflexion der Kritik findet ja erſt ihren Widerhall in der originellen Production des Dichters. Dieſe urſprüngliche Originalität iſt aber eben das Räthſel in der Kunſt, deſſen Löſung das Ziel der Kritik iſt, welche, in die Werke des ſchaffenden Genius ſich vertiefend, den Punkt zu erreichen ſtrebt, aus dem heraus die in ſeinem Weſen wurzelnden Factoren der Reflexion und Anſchauung in glücklicher Vereinigung das unmittelbar ſprießende voll= endete Kunſtwerk mit Nothwendigkeit erwachſen ließen. Das Weſen des Herzogs glauben wir, vielleicht nicht ganz unrichtig, aus dieſem allgemeinen Zuſammenhange wie dem nothwendigen dramatiſchen Contraſte heraus hinreichend feſtgeſtellt zu haben, um uns nicht weiter vor dem Vor= wurfe wehren zu müſſen, auch wir faßten denſelben etwa als einen „ſentimentalen Herzog", wie ihm das neuerdings noch von einer Seite her widerfahren iſt. Ganz im Gegentheil haben wir geſehen, daß er gerade die Beſtimmung hat, den Geiſt der Sentimentalität, welcher faſt drohte, uns zu beſchleichen, bei Zeiten zu verſcheuchen. Daher ſteht er vor uns da in völliger Urſprüng=

lichkeit wie Abraham, der dem Herrn zu Gefallen den eigenen Sohn opfern würde, und in dem naturwüchsigen Heroismus der Helden des alten Homer oder der Recken des Nibelungenliedes, eine ungebrochene, reine Menschennatur, deren Wahlspruch ist: Hilf Dir selber, so hilft Dir Gott, die das Leben ruhig wie ein Ordal sehen, in dem sich Jeder seiner Haut zu wehren habe und im Falle der Unfähigkeit dazu den Untergang verdiene, eine Natur, die vielmehr aller Sentimentalität so fern steht, daß in ihr gar kein Gefühl überwiegt, und das sowohl hier als im letzten Akte naiv hervorbrechende Mitleid recht wohl sich mit Schonungslosigkeit, ja scheinbarer Grausamkeit verträgt, ein treffliches Gegenstück des Percy, der seinen Gegner erst todtschlägt und dann gleich darauf ihn in einer Weise bedauert, die in directestem Widerspruch mit seiner That steht*). Und genau einer solchen altnordischen Reckennatur bedurfte es, um den festen, männlichen Ton wiederzufinden, der in dem schwergebrugten Aegeon eben zu verhallen schien. Hiernach scheint im Ganzen die erste Scene schlecht zu passen zu einer Einleitung in ein Lustspiel, wenn wir die schwere, unversöhnte wie unversöhnliche Natur der beiden Hauptpersonen ins Auge fassen. Das verhindert aber keineswegs, daß das ganze Auftreten des Herzogs, wenn wir die sonderbare Mischung seines Wesens in uns reflectiren, nicht schon gewissermaßen die Elemente des Komischen in sich trüge, wie denn überhaupt die urwüchsige Erscheinung eines Menschen, dessen Gefühl nicht erstorben ist, und der Herzog fühlt wirklich inniges Mitleiden, der sich zum mechanischen Vollstrecker abstracter Ideen hergiebt, um deren eigentliches Verständniß er sich weiter nicht kümmern will noch kann, während sein eigenes Leben und Bestehn doch nur als eine fortgesetzte Realisation des Begriffs immanenter Liebe einen Sinn hat, wie die derbe Erscheinung eines solchen Menschen, sage ich, der wohlgemuth den Grundsatz ins Leben führt, lieber Hammer als Ambos sein, durch die seinem Wesen anhaftende Ironie schlechterdings dem Gebiete der Komik verfallen muß. So bildet der Herzog recht eigentlich den passenden Uebergang von dem epischen Theile des Dramas zu dem Kern der Komödie, indem die starre Unerbittlichkeit seines Characters als Richter neben seiner angebornen Gutmüthigkeit als Mensch wie von selbst in das Gegentheil umschlägt. Nur in diesem Sinne kann ich mir die Ideenassociation erklären, die einen der vielen Aesthetiker Shakspere's bei Gelegenheit seiner sonst so überaus verkürzten Characteristik des Herzogs veranlaßt, das drollige Witzwort des Gascogners: Demandez-moi toute chose, mais pour la vie, pas moyen ihm anzupassen.

Und damit wären wir denn von selbst in den eigentlichen Mittelpunkt der dramatischen Bewegung geführt. Hierbei ist merkwürdig, daß die Frauen hier, wie auch sonst bei Shakspere,

---

*) The Persè leanyde on his brande,
   And sawe the Duglas de;
He tooke the dede man be the hande,
   And sayd, „Wo ys me for the!
To have savyde thy lyffe I wold have pertyd with
   My landes for years thre,
For a better man of hart, nare of hande
   Was not in all the north countrè."

so wesentlich in den Vordergrund treten, ja daß um Adriana sich das ganze psychologische Interesse dreht; dies fällt um so mehr auf, je unbedeutender, um nicht zu sagen unwürdiger die Stelle der Frau bei seinem lateinischen Vorbilde war. Es wäre ja ein Kleines und bei einem weniger selbstständigen Dichter Selbstverständliches gewesen, das Lustspiel, gleich den Menaechmen, in dem engen, obgleich lustigen Kreise von Schelmereien und losen Streichen verlaufen zu lassen. Statt dessen werden wir hier in den gefährlichen Strudel eines ehelichen Conflicts hineingerissen, dessen Gewalt höchst wirksam durch die Zurückhaltung des Mädchens wie durch die neugeschaffene Rolle Luciana's, der Schwester von Adriana, verstärkt wird.

Ob dies nun eine Berechtigung giebt, den wesentlichen Gehalt seines Lustspiels als das Resultat eines pathologischen Läuterungsprocesses zu fassen, den der Dichter in Folge seiner eigenen häuslichen Verhältnisse vollzogen, wie dies so viele Kritiker vermuthet, lassen wir billig dahingestellt.

Wir werden auf diese eigenthümliche Ansicht noch später zurückkommen müssen und hätten dieselbe daher hier nicht weiter erwähnt, läge uns nicht daran ausdrücklich zu erklären, daß, so sehr wir von ihr abweichen, wir derselben doch gerade in ihrer allgemeinen Verbreitung unter den Kritikern Shakspere's in eben dem Maße Dank wissen, indem wir daraus mit Befriedigung entnehmen, wie klar und bestimmt damit auch Jene anscheinend unbewußt zu erkennen geben, daß sie nebst uns Adriana als die eigentliche Seele des dramatischen Getriebes fassen. Nur müssen wir dabei um so mehr darüber verwundert sein, daß diese allerdings ganz richtige Auffassung ihnen Allen in der Folge unter dem Einflusse gewisser vorgefaßter Ansichten, von denen gleichfalls später die Rede sein wird, so gänzlich verdunkelt werden konnte. Doch das soll uns nur antreiben, um so mehr auf unserer Hut zu sein und unbeirrt den eingeschlagenen Weg zu verfolgen. Unser Lohn wird sein, wenn wir in das allerdings anscheinend offene und oberflächliche, in Wahrheit aber mehr als gewöhnlich verschlossene Wesen Adriana's so weit einzudringen vermöchten, um dasselbe nicht trotz, sondern gerade wegen seiner Schwächen, die ja der Dichter durchaus nicht beschönigt hat, schätzen zu lernen und sie selbst in die klar vorgezeichnete Bahn der eigenen Bestimmung, von der sie nur momentan in dem Anfange des Drama's abirren konnte, zurückzuführen. Dann wird sicher auch aller Welt klar werden, daß wir es in ihr, dem von der Phantasie des genialen Dichters geschaffenen Ebenbilde der menschlichen Natur, nicht mit „dem albernen, eiteln, keifenden Weibe einer possenhaften Komödie", wie sie sich allen Ernstes neuerdings hat müssen nennen lassen, sondern vielmehr mit dem tiefsittlichen, innerlich ernsten Gemüthe eines Weibes zu thun haben, dessen Gleichgewicht recht eigentlich durch das Uebergewicht einer zu strengen Innerlichkeit, die Abgeschlossenheit gegen die Anforderungen der äußern Welt und den gänzlichen Mangel fester praktischer Aufgaben in ein freilich bedenkliches Schwanken gerathen mußte.

Wie sehr aber gerade der Character Adriana's unter allen anderen Shakspere'schen einer wirklich eingehenden Würdigung bedürfe, wird Jeder erkennen, der die darüber gemeinhin umlaufenden Urtheile sich vergegenwärtigt. So sagt Kreyssig: Adriana sei von Eifersucht geplagt; diese aber entstehe immer aus „Mißtrauen in die eigene Kraft, verbunden mit einer gesteigerten Vorstellung von dem zu wahrenden Recht." Gervinus sagt Aehnliches über ihren Gemüthszustand, nennt aber bei solcher Gelegenheit die Eifersucht „jene Eigenschaft, die, in sich von eben so gegen-

fäßlicher Natur, die Liebe stört und doch nur in Liebe ihre Quelle hat." Wir sehen schon, wo=
rauf das wieder hinausläuft; es ist eben die Folge davon, wenn der Kritiker bei der Beurtheilung
eines Kunstwerkes von den Vorurtheilen des gemeinen Lebens so weit eingenommen ist, daß er
anstatt seinen Ursprung in dem Gebiete der freiwaltenden Phantasie des genialsten Dichters getreulich
anzusuchen, lieber dem Antheile nachspürt, den seine Galle und üble Laune dabei gehabt haben
mögen. Hierbei muß natürlich die Poesie ebenso ihrer Weihe wie die Kritik ihrer Würde entkleidet
werden, indem das Hauptinteresse des dem Gebiete des Objectiven entrückten Kunstwerkes von
diesem fort sich wesentlich auf den im momentanen Uebergange der psychologischen Entwickelung
begriffenen Dichter selbst wendet. Wie sehr die Personen des Drama's selbst darunter zu leiden
haben, zeigt namentlich Kreyssig recht deutlich, der nun der Adriana eine Fülle eben nicht
schmeichelhafter und in ihrer übertriebenen Härte wirklich nur so erklärlicher Titel beilegt. Aber
auch Gervinus tritt, wie wir oben sahen, nicht über eine allgemeine philosophische Abstraction
hinaus, die wir zwar dankbar annehmen mögen, ohne doch damit über das Wie der Erscheinung
hinauszukommen. Unsere Aufgabe bleibt daher, das Warum zu betrachten, d. h. in Bezug auf
vorliegendes Drama das nachzuholen, was den andern Stücken Shakspere's oft in so reichem
Maße zu Gute gekommen, nämlich den sittlichen Motiven nachzuforschen, denen es seine Gestal=
tung verdankt.

Wie der erste, in epischer Ausführlichkeit prologisirende Theil des Drama's durch zwei
männliche Charaktere eingeleitet wurde, von denen der Eine unmittelbar an das Gebiet der Ko=
mödie heranstreifte, so wird der eigentliche dramatische Theil derselben durch die beiden Schwestern
ausgefüllt, von denen wieder die Jüngere theils durch ihre ironische, theils durch ihre eigentlich
humoristische und durch die Sachlage ihr von selbst aufgedrungene ruhige Haltung Adriana's
stürmischem Wesen gegenüber eine höhere Staffel der komischen Entwickelung erklimmt, bis auch
sie wieder am Schlusse von dieser Höhe herabsteigen muß, um an der Hand des heiteren Dichters
in unbewußter Natürlichkeit in den Reigen der Uebrigen einzutreten. In der That treten denn
auch gleich zu Anfang des zweiten Theils die beiden Frauen auf, und der Dichter ist so weit
entfernt, die Sache, um die es sich hier handelt, wir sehen, es ist eine Herzensangelegenheit, dem
Scheine der Frivolität oder dem Spotte einer alltäglichen Erscheinung auszusetzen, daß es viel=
mehr des ganzen Spukes der nachfolgenden sinnverwirrenden Intrigue bedarf, um die ernste Er=
habenheit in dem Auftreten Jener dem Wesen der Komödie einzuverleiben. Schon wer, im
Rückblick auf andere Erscheinungen in diesem Gebiete, allein das tolle Gaukelspiel der Zwillings=
brüder, das von nichts, was Shakspere im Grotesk=Komischen geleistet hat, auch nicht dem Som=
mernachtstraum und Was Ihr Wollt, überboten wird, bei sich erwägt, wird mit Vorsicht eine
Meinung prüfen, der zufolge auch Adriana dieser niedrigen Sphäre anzugehören oder gar als
Mittel zu dem oben angedeuteten Zwecke zu dienen habe.

Die erste Veranlassung, Adriana's Bekanntschaft zu machen, ist sonderbar genug; wir
werden bald deren eigentliche Bedeutung erkennen. Das Mittagsmahl ist fertig, zu gewohnter
Zeit, aber der Gemahl läßt vergebens auf sich warten. Eine harte Prüfung für eine Hausfrau,
wir geben das zu, zumal wenn sie Adriana's Ungeduld besitzt. Warum kommt denn aber

Antipholus gar nicht? Adriana weiß schon weshalb; sie ist eine heftige, rücksichtslose Natur; nicht der unter solchen Umständen für eine Frau natürliche Gedanke an den mehr als sonst von seinen Geschäften in Anspruch genommenen Mann, der sich doch selbst in ihrer Schwester regt, sondern nur die Vorstellung der kränkenden Zurücksetzung ihrer eigenen Person beschäftigt sie. Um so mehr bleibt Luciana gelassen; sie warnt vor falscher Freiheit; Antipholus werde Geschäfte haben, die ihn zurückhalten, zudem müsse vernünftige Ueberlegung anerkennen, es liege in der Natur der Dinge, ja der ganzen erschaffenen Welt, daß die Frau dem Manne sich unterordne. Das aber paßt schlecht in Adriana's „Theorie". Nur Esel ließen sich in ihrem Willen einschränken, meint sie; sie verlange gleiches Recht mit ihrem Gemahl. Sie könnte nicht einsehen, weshalb den Männern überhaupt mehr Freiheit zustehen sollte als den Frauen; sie dächte anders darüber. Gewaltsam und unnatürlich, wie diese Logik des Weibes, war auch die Anstrengung, die sie gekostet. Ohne einen verzweifelten Kampf mit dem lautersten weiblichen Gefühl war sie nicht gut möglich gewesen. Da in schroffster Verkehrung aller natürlichen Neigungen dem wilden Hange leerer, formaler Gleichstellung im abstracten Denken nachzugeben, wo das ewige Ideal der besseren Natur zu Hingabe in Liebe drängt, fürwahr, ein so ungleicher Kampf mußte die besten Kräfte und edelsten Anlagen erschöpfen, und wären es auch nicht die Adriana's gewesen. In der That bricht sie auch sofort zusammen; aber zu stolz um ihre Ohnmacht zu gestehen und zugleich noch nicht erstarkt im Guten, um mit dem letzten Reste ihrer Kraft an der Besserung des eigenen Willens Hand anzulegen, bricht die ganze Gluth verzehrender Leidenschaft noch einmal in der hellen Flamme tiefverhaltener Eifersucht auf, beleckt mit ihrer gierigen Zunge das trotzige Weib selbst, verzehrt die theuren Schätze jahrelanger Liebe, die der eifrige Mann gesammelt, und droht Haus und Habe des Paares unwiederbringlich zu vernichten. Ihr Körper, bildet sie sich nun ein, habe keinen Reiz mehr für den Gemahl, der seinen Neigungen anderwärts nachgehe; ihr Geist sei dürr und unfruchtbar, ihr Gespräch für ihn nichtssagend geworden, und so sei auch auf ihn kein Verlaß mehr. Aber so falsch seien alle Männer, auch der Beste, und ihr bleibe nun nichts weiter übrig, als sich zu Tode zu weinen.

Diese herbe Logik ist die unheilvolle Frucht der Verirrung eines Weibes, das, seiner ursprünglichen Bestimmung untreu geworden, die Stimme des Herzens überhört und den Trugschlüssen einer unstäten Reflexion Folge leistet. Mit Einem Blicke übersehen wir gleich zu Anfang ihres Auftretens die furchtbare Zerrüttung ihres Innern, und es wäre, trotz des Gewandes der Komödie, unmöglich, die Klagen des in mänadischer Verzückung gegen sich selbst wüthenden Weibes ohne das tiefste Mitleiden anzuhören, müßten wir nicht zugleich ein Auge für die ungereimte Thorheit dieser rasenden Leidenschaft, ihrer Eifersucht, haben. Luciana's Bemerkung:

How many fond fools serve mad jealousy!

ist denn auch das Beste, was wir selbst darauf zu erwidern haben. Aber, wenn wir auch sehen, daß es blos „daggers of the mind" sind, mit denen sich Adriana verwundet, so bewährt sich doch leider auch bei ihr das Wort des Patroclus, welches er zum großen Achilles spricht:

„Those wounds heal ill, that men do give themselves".

Allein der furchtbare Ernst, mit dem sie den quälenden Gedanken in der Gegenwart nachhängt, die Unmöglichkeit, dieselben aus sich heraus zu bewältigen, wie der offenbare Zwiespalt mit ihrer eigenen besseren Einsicht, die der Dichter in diesem Character so urplötzlich, gleich einer vulkanischen Eruption, hat hervorbrechen lassen, können nur dann verstanden werden, wenn wir die von dem Dichter selbst gegebenen Andeutungen über ihre Vergangenheit benutzen.

Adriana, gleich der Frau des Menaechmus, war wohlhabend (f. Com. of Err. III, 2. v. 6). Was der eigene Vater Dieser von solchen Frauen sagt, Men. V, 2:

> Ita istaec solent, quae uiros subseruire
> Sibi postulant, dote fretae, feroces,

und noch schärfer (Megadorus (Aul. III, 5):

> Nam, quae indotata'st, ea in potestate est uiri:
> Dotatae mactant et malo et damno uiros,

mag auch für Jene gelten. Jedenfalls wird sich das kluge Mädchen ihrer bevorzugten Stellung bald bewußt geworden und dadurch frühzeitig verführt sein, die Welt um sich eben so gering, als sich selbst zu hoch zu schätzen, zumal sie, wie wir sehen, schon frühzeitig der Obhut und dem Einflusse des väterlichen Hauses entwachsen war, wenigstens hat der Herzog sie, wahrscheinlich als sein Mündel, in ihrer wichtigsten Angelegenheit, der Heirath, bestimmt:

> Antipholus, my husband,
> Whom I made lord of me and all I had,
> At your important letters. (V, 1, Enter Duke).

So wuchs sie mit ihrer jüngeren Schwester Luciana selbstständig auf, eine feurige, hoch= strebende Natur, gerade wie sie jetzt vor uns steht, allein, ohne ein Ziel für ihre gefesselte That= kraft, ohne feste Lebensrichtung. Da sie zudem ihrer Umgebung, der Schwester Luciana, weit überlegen sich fühlte, so war es kaum zu verwundern, wenn sie in eine mißmuthige, gereizte Stimmung, ein trübes Grübeln, ein strenua inertia versank, die sie aufrieb und ihrem Geiste eine Bitterkeit mittheilte, deren Früchte sich eben jetzt vor uns entfalten. Natürlich mußte da bald ihr Verstand und eine wilde, ungezügelte Phantasie ihr Herz überholen, und da Beide keine genü= gende Unterstützung in einem kräftigen Willen fanden, so ließen sie ihre matt ringende Natur end= lich entkräftet auf halbem Wege stehn, wo der nagende Stolz ihres abstract=idealen Strebens und das Bewußtsein ihrer natürlichen Gaben gleichen Schritt hielt mit der Unfähigkeit der eigenen gesunden Entwickelung wie der bittern Geringschätzung der gemeinen Alltäglichkeit. Niemand kann das klarer aussprechen, als sie selbst, wo sie verzweifelnd klagt:

> „I am press'd down with conceit,
> Conceit, my comfort and my injury."

und daß diese Worte als eine feste Form der Selbsterkenntniß vom Dichter beabsichtigt sind, zeigt ihre bedeutsame Stelle am Ende einer langen aufgeregten Scene. So conceitful, wie sie nach eigenem Geständniß war, muß sie es wohl für eine Erniedrigung halten, die Kräfte des Geistes und der Seele an den niedrigen Dienst dieser Welt hinzugeben, und statt das Dasein an seinem lebendigen Wurzelpuncte zu erfassen, mühte sie sich vergebens ab, die harte Wirklichkeit ihrem Eigenwillen zu beugen. Aus dieser Ueberschätzung des idealen Lebensgehaltes ergiebt sich nun ent=

lich mit zwingender Nothwendigkeit jener Mangel an Vertrauen in die eigene Kraft als der auch von ihr selbst, namentlich II, 1, v. f. zugestandene Grund ihrer Eifersucht, nebst dem wachsenden Mißtrauen über das Verfehlen der zu hoch gesteckten Ziele, von dem oben die Rede war. Denn Naturen, in denen dieser Zwiespalt zwischen Gedanke und Wirklichkeit, Wille und That sein Spiel treibt, stelle man vor eine beliebige Aufgabe, und sie wird als zu kleinlich für ein ideales, vielleicht nie zu erreichendes Ziel ohne Bedenken aufgegeben. Oder man versetze sie in Lagen, die alle Bedingungen des Glücks in sich tragen, und ihr Herz wird doch dahinsiechen an dem langsam verzehrenden Gifte inneren Zwiespalts. Dazu liefert Adriana einen recht klaren Beweis in II, 1, am Ende, wo vom Ringe die Rede ist. Alles an ihr ist eben krankhaft, und ihre Ueberspanntheit läßt sie keine Ruhe finden.

Es ist natürlich, daß die negative Erhabenheit eines solchen Characters ihren Weg eben so gut in die Tragödie, wie in das Lustspiel nehmen kann, je nachdem die Idee in ihrem eigenmächtigen Laufe das Leben des Individuums schonungslos zertrümmert oder aber selbst von diesem so weit dienstbar gemacht wird, um nach resignirender Besinnung einer zu straff gespannten Idealität das gestörte Gleichgewicht des mit der Außenwelt ringenden Geistes in dem mittleren Verhältniß eines nach beiden Seiten hin indifferenten Zustandes wiederherzustellen, den wir vom praktischen Standpunkte aus Glück zu nennen eben so gewohnt wie berechtigt sind.

In dieser Hinsicht hat es uns beruhigt und gewissermaßen wohlgethan, daß Adriana in einem Thränenstrome von uns schied, denn mit Recht erkennen wir in dem convulsivischen Durchbruch einer über die Gebühr gequälten Natur die Krisis der Besserung, in diesem instinctiven Ausschütten einer schmerzlichen Gedankenlast die Befreiung eines Herzens von allem Uebermaß sentimental gesteigerter Empfindung in die siegende Gewalt maßhaltender Vernunft. Und selbst das muß uns schon ein ansehnlicher Fortschritt erscheinen; denn kaum hatte sie eheliche Treue gelobt (III, 2, v. 3), so verpflanzte sie auch schon in das neue Verhältniß den in so früher Jugend eingesogenen Unmuth: der Mann, der bei dem Herzoge selbst in so hoher Gunst gestanden wegen männlicher Tugend und Tapferkeit, war bei näherem Umgange eben auch nur ein Mensch; sich selbst zu wenig kennend, glaubt sie sich dieser Fehler wegen über ihn erheben zu können, und so hoch sie ihn früher verehrt, so tiefen Eindruck seine herzlichen Liebkosungen, deren Inhalt sie daher noch so getreu bewahrt (II. 2), in ihr hervorgerufen, eben so tief setzt sie ihn nothwendig jetzt herab, legt ihm eingebildete Fehler bei, glaubt ihn auf Schritt und Tritt bewachen zu müssen, entläßt ihn unfreundlich und empfängt ihn kälter, plagt ihn mit Eifersucht und hegt gar den Argwohn — doch nein, so weit war sie doch noch nicht gegangen, ihm gerade heraus zu sagen, er hätte sie des Geldes wegen geheirathet; aber daß auch dies seit lange an ihrem Herzen nagen mußte und ihrer Schwester vertraut war, erfahren wir aus III, 2. v. 6, wo diese gerade heraus zu ihrem Schwager sagt:

> „If you did wed my sister for her wealth,
> Then, for her wealth's sake, use her with more kindness".

War das hochfahrende reichbegabte Mädchen somit nicht auf dem besten Wege, ihr eigenes Seelenheil aufzugeben und ihren Mann dazu unglücklich zu machen? Ein Glück, daß ihr eine liebreiche

Schwester zur Seite stand; aber wie demüthigend für eine so kluge, so hochherzige Frau, von einem unerfahrenen und beschränkten, aber verständigen Mädchen, dessen mit unnachahmlicher Gravität bedugirten Argumente eben so trocken und gespreizt, wie die Resultate ihrer Weltanschauung hausbacken sind, sich gründlich zurechtweisen und schließlich obenein mit Fug und Recht eine thörichte Närrin heißen zu lassen? Aber gerade dies Hausbackene war es was ihr fehlte, und nach der Art, wie sie trotz ihrer gereizten Stimmung Luciana's Ermahnungen gegen alle Erwartung aufnimmt, ja sich gebulbig in die Enge treiben läßt, fühlte sie recht gut die Lehre, die darin lag, daß dies den Sieg davontragen sollte über ihre eigenen luftigen Ideale. Lossagen davon mochte sie sich freilich noch nicht, aber jene Beschämung brachte ihr klar den Widerspruch zum Bewußtsein, und in der Ironie, mit der sie in Luciana sich außer sich selbst setzt und anzuschauen sucht (II, 1 namentlich von v. 26 ab), begrüßen wir mit Freude die erste Brechung einer Natur, in welcher „headstrong liberty is lash'd with woe" *).

Und vollends liegt in dem unfreiwilligen Humor, mit dem sie die eingebildeten Fehler ihres Mannes, Falschheit und Verderbtheit, einem Jeden anhängt, der sich Mann nennt, das komische Pathos einer Ueberspanntheit, die uns ebenso zum Lachen, wie Adriana zum Weinen, reizen müßte, handelte es sich nicht wirklich, trotz aller Uebertreibung, um den Schmerz eines irrenden Menschenherzens. Doch auch so rufen wir, mit Luciana, ihr nach:

„Poor mad fool!"

So weit über Adriana. Man wird sagen, und wir sind nach dem bekannten und für jetzt noch allgemein feststehenden Verdict über diese Comedy of Errors vollkommen darauf gefaßt, wir haben zu viel hineingetragen, während unsere ganze Untersuchung doch nur darauf gerichtet ist, die wahrhaften Intentionen des Dichters aufrichtig herauszulesen, die hier aus historischen, wie ästhetischen und dramatischen Gründen **) tiefer als gewöhnlich verstedt gehalten sind, also das gediegene Gold seines Schweigens in das minder werthvolle Silber der Rede umzusetzen. Wir haben jedoch zu prüfen, in wie weit uns die Erfüllung unserer Aufgabe gelungen ist.

Der nächste Prüfstein wäre Luciana. Sie ist natürlich von Shakspere zu dem dramatischen Complement Adriana's bestimmt. Einen Dichter niederer Gattung möchte die Gelegenheit verlockt haben, hier einige wohlfeile Tiraden gegen die Weiber zum Besten zu geben, zumal wenn ihm sein Mißgeschick ein Hauskreuz aufgeladen hätte. Shakspere suchet nicht das Seine, sondern als echter Künstler vertieft er sich mit der ganzen ihm eigenthümlichen Kraft der Seele in den Gegenstand der Kunst. So wurde Luciana was sie ist, was sie allein sein konnte: das Schattenbild, der Doppelgänger, der geheime Rath, die altera eadem ihrer Schwester Adriana.

---

*) Es verlohnt sich wohl der Mühe, auf dem Gebiete der Tragöbie das Zwiegespräch der sanften Chrysothemis und der heroischen Elektra, wie es uns Sophocles, El. bes. v. B. 387 ed. Dind. ab verzeichnet hat, zu vergleichen. Auch hier läßt der Dichter die starre Natur Electra's für einen Augenblick sich in der Ironie brechen.

**) Man vergesse doch auch nicht, wie bedeutend Shakspere den Spielraum der Komödie beschränkt hat durch die auffallende und in dem Maße nie wieder bei ihm hervortretende Strenge, mit der er sich hier an die Einheiten hielt, obgleich sich bei ihm, wie bei Plautus, manche Widersprüche, besonders aber Parachronismen, einschlichen.

Eine vollkommenere geiſtige Durchdringung zweier Weſen iſt kaum denkbar; es iſt, als hätte Shakſpere im Laufe ſeiner Entwicklung erſt in vollen Zügen die idealen Genüſſe der Freund= ſchaft, deren Kehrbild ſich in einer andern Jugendarbeit zeigt, in ſich aufnehmen müſſen, ehe er die erſt leiſe erklingenden Accorde ſeliger Liebe in der vollen entzückenden Begeiſterung eines Romeo anſchlagen konnte. Daher, iſt Adriana pathetiſch, ſo iſt Luciana trocken, iſt Jene ſtürmiſch und leidenſchaftlich, wird dieſe um ſo ruhiger und phlegmatiſcher. Aus dieſer poetiſchen Combination des Komikers geht hervor, wer hierbei am ſchlechteſten fährt: in Adriana iſt jenes mettle, welches, von ſeinen Schlacken gereinigt, einſt um ſo heller ſtrahlen wird, wenn ſie auch jetzt noch verblendet genug iſt, um Gehorſam für Sklaverei zu halten (II, 1, v. 26) und überall mit Heftigkeit auf dem höchſten ihr zugänglichen Begriffe der Idee des Rechtes, gleichviel ob ver= nünftigen oder eingebildeten, beſteht (II, 1; II, 2; IV, 2). Weit entfernt davon, etwa mit einer Isabella ſagen zu können:

„I something do excuse the thing I hate,
For his advantage that I dearly love,“

liebte ſie vielmehr für gewöhnlich Antipholus gerade ſo ſehr wie ſich ſelbſt, und bei dem gering= ſten Anſtoße war mit Beſtimmtheit vorauszuſehen, wohin ſich das Zünglein neigen würde. Ge= rade in demſelben Grade nun iſt ihre Schweſter Luciana eine pedantiſche, flache, ſyſtematiſche und wie ſie meint lammfromme Natur geworden. Nach ihrer Theorie, und das junge Mädchen ſpricht nicht ſelten mit echt ſchulmeiſterlicher Salbung, kann gar kein Zweifel beſtehen, daß die Männer, ſammt und ſonders, zur Herrſchaft berufen ſind; ſehe man doch auch an den Thieren, wie immer das Männchen regiere, und daraus deduzirt ſie, trotz der ſchneidenden Schärfe, mit der Adriana einwirft:

„There's none, but asses, will be bridled so,“

in der logiſchen Unſchuld eines klug ſein wollenden Mädchens den von ihr beliebten Schluß, daß nun auch alle Frauen allen Männern unterthan ſein müßten. Allerdings fährt ſie, von der unerbittlichen Einrede ihrer ſcharfblickenden Schweſter gedrängt, beiläufig fort, ſei ſie noch ledig, aber ſie habe dazu ihre eigenen (freilich ſehr charakteriſtiſchen und man kann gerade nicht ſagen echt weiblichen) Gründe; ja, man höre endlich die exemplariſche Sanftmuth der ſtoiſchen Jungfrau:

„Ere I learn love, I'll practise to obey!

Wäre es da für Adriana, wenn ſie nur nicht ihre ruhige Ueberlegung verloren hätte, nicht ſchon jetzt an der Zeit, ihr das „fond fool“ zurückzugeben? Als ob je, außer in der Sklaverei, Ge= horſam ohne Liebe möglich und nicht die freie bewußte Hingabe an den Gegenſtand der Liebe, ſondern etwas abſtract zu Erlernendes wäre. Merkwürdig, daß Luciana gerade in dem Augen= blicke, wo ſie recht praktiſch zu reden meinte, in dem Uebermaß tugendſeliger Vernünftigkeit zu dieſem Grade der Selbſtüberſchätzung verleitet werden mußte. Aber dahin kommt es, wenn man den Ehrbaren ſpielt; der Böſe treibt überall ſein Spiel. So freilich ſprach ihrer Zeit Adriana ſchwerlich als Mädchen; ſie mag vielmehr ein recht eigenſinniger, launiger, wunderlicher Trotzkopf mit einem rebelliſchen Herzen geweſen ſein, welches „the serpent of the field,“ feſt umſtrickte;

aber dafür hat fie es auch gefühlt und nach Erlöfung gerungen; fie ringt ja noch, vor unferen Augen, und wir wiffen es Luciana, troß ihrer geiftigen Blindheit, wonach fie gar fchließlich auch nur „verfuchsweife" heirathen will, doch Dank, daß fie fich nie hinreißen läßt, ihre unglückliche Schwefter zu verlachen. Freilich hätte fie dazu auch, von unferem Standpunkte aus, gar wenig Recht; denn in Allem, was Adriana fpricht, fteckt doch im Grunde mehr Vernunft als in Luciana's Floskeln, und der fittliche Ernft, mit dem Jene fich von vornherein in ihre Aufgabe vertieft, bürgt hinlänglich für die glückliche Löfung ihrer augenblicklichen Verftrickung, wenn nur die Umftände ihr zu Hülfe kommen und praktifche Aufgaben ftellen.

Blicken wir uns daher nach ihrem zweiten Gegengewicht, Antipholus, um.

Adriana muß ihm in jüngfter Zeit den Kopf ungewöhnlich heiß gemacht haben. Um fie nur zu beruhigen und wo möglich fefter an fich zu ketten, hat er ihr eine Goldkette verfprochen, und Adriana, fehen wir, bleibt keineswegs gleichgültig dagegen. Diefe liebenswürdige Eitelkeit verföhnt uns mit ihr; fie ift ein heilfames Element bei Leuten von ihrem Charakter, und Antipholus hat da unbewußt das Rechte getroffen. Ihrer Beftimmung als Sühnopfer gemäß war die Kette von koftbarem Werthe *), und eben jetzt war Antipholus aus, die Vollendung eines Gefchenkes zu betreiben, das feine Frau nicht nur fchmücken, fondern gleichzeitig zum erneuten Andenken feiner aufrichtigen Liebe tragen follte. Noch heut foll er fie erhalten, und froh eilt er mit dem Goldfchmied felbft und einem andern Gefchäftsfreunde feiner Häuslichkeit zu; aber, wie das fo im Leben geht, ftatt der gehofften Anerkennung wird ihm von Seiten eben diefer feiner Frau vor den Augen der ihn begleitenden Freunde der Stuhl vor die Thür feines Haufes gefetzt, indem drinnen der Zwillingsbruder wider Willen feine Stelle einnimmt. Welch komifcher Kon= traft! Er, der nicht weiß, wie er hinein kann, und fein Bruder, der nicht weiß, mit welcher Gelegenheit er herauskommen foll, und dabei Adriana feelenvergnügt, als hätte fie wer weiß was für einen glänzenden Sieg über das eigene Herz wie den ungetreuen Mann davongetragen und in dem guten Glauben, es fei Alles, wie fich gehöre. Schlimm, fehr fchlimm, daß folcher Herzenskummer bei Antipholus fich zu dem, in Betracht der vorgerückten Stunde, ohne Zweifel höchft bedenklichen Zuftande feines Magens gefellen mußte. Waren doch fchon dem alten Homer die Verheerungen nicht entgangen, welche der Hunger, wahrer, gefunder Hunger auf dem Gebiete der Gemüthlichkeit anzurichten pflegt (Od. 7, 216). Was Wunder daher, daß Antipholus, der gleichfam im Vorgefühle der auf Grund der Kette bevorftehenden Ausföhnung noch fo eben (III, 1 Anf.) die fchonendften Rückfichten auf die kleinen Eigenheiten feiner Frau nahm und

---

*) Dichter gehen leicht verfchwenderifch mit den Gütern diefer Welt um. Auch die römifche Freigebigkeit ift geeignet, die Bewunderung unferer Frauen und die ftille Verzweiflung der Ehemänner in gleichem Grade zu erre= gen. Für den Preis 10 folcher Mäntel, wie Menaechmus der Erotium fchenkte, kaufte Stratippocles eine fidi= cina (Epid. I, 3) und Callicles ein ftattliches Haus von Lesbonicus (Trin. II, 4). Und doch war Erotium keineswegs damit zufrieden, fondern verlangte noch eine Unze Gold zu dem umzuarbeitenden Armbande, wie ihre Magd ein Paar Ohrbommeln von Men. Da kann man wohl fagen, wie Stasimus: „argentum οἴχεται", oder mit Peniculus, als er den koftbaren Mantel dahingehen fieht, daß das heißt fich mit Gewalt an den Bettelftab bringen (I, 3, v. 197). Daher beklagte fich auch Periphanes, daß die römifchen Frauen Rittergüter auf dem Leibe trügen.

seinen Freunden bringend anempfahl, so plötzlich den „stomach" sich regen fühlte und in äußer=
ster Wuth am hellen Tage mit Gewalt sein Haus aufbrechen will? Aber gerade hier, wo wir
am eigentlichen Wendepunkte des ganzen Stückes angelangt sind, bewährt sich auf's Glänzendste
Shakspere's überlegene Geisteskraft; denn während bei Plautus Menaechmus seine eigene Frau
mit der Hetäre geradezu verhöhnte und nur boshafter, unmännlicher Rache zu Liebe sich dorthin
begiebt, entschließt sich Antipholus, trotz der unerhörten Kränkung, auf dringendes Zureden seiner
Freunde zu dem schweren Schritte als milderem Auswege, um seine Frau zu schonen. Nur des=
halb müssen die sonst wirklich überflüssigen und hier geradezu befremdenden Freunde in der Be=
gleitung des Antipholus erscheinen und der für immer in das Nichts zurücksinkende Balthazar
eine der umfangreicheren Reden des ganzen Stückes sprechen.

Dennoch ist Shakspere weit entfernt, ihn von aller Schuld freizusprechen. Als Mann
mußte er unter allen Umständen kaltblütig prüfen, besonnen handeln. Er geht aber nicht nur
zu jenem Mädchen, mit dessen Liebschaft ihn Adriana so oft thörichter und ungerechter Weise
gequält, sondern bestellt nun auch consequenter Weise sofort jene Kette zu ihr. Da freilich zeigte
Antipholus, der tapfere Krieger (V. 1), der geduldige Gatte, der bedächtige und angesehene
Geschäftsmann, wie leicht die Götter können

$$\mathrm{\ddot{a}\phi\varrho ονα\ ποιῆσαι\ κα\ \dot{ε}πίφρονά\ περ\ μάλ'\ \dot{ε}όντα.}$$

Keine Erfahrung aber des gemeinen Lebens ist so verhängnißvoll und daher vielseitiger
von Shakspere erfaßt, als jene Verblendung vernünftiger Ueberlegung in dem Eifer rascher Leiden=
schaft. Insbesondere mahnt uns gerade unser Lustspiel auf jeder Seite, daß der Mensch, welcher
sich der Ruhe vernünftiger Erkenntniß und der Würde der Selbstbeherrschung begiebt, damit dem
Boden seiner eigensten Realität entrissen und wie ein Spielball der Launen des Zufalls von
einem tückischen Schicksale umhergeworfen wird, bis die von ihm selbst heraufbeschworenen feind=
lichen Mächte allen Ernstes als die phantastischen Gestalten dämonischer Wesen vor ihm auftreten
(vergl. II, 2 gegen Ende, III, 2 kurz vor: Enter Angelo; IV, 3 hinter: Enter a Courtezan;
IV, 4 die Beschwörungsscene, und Schluß des 4. Acts 2c.), und das Leben selbst, allen realen
Gehaltes entäußert, schließlich in die unfaßbare und darum beängstigende Schreckensgestalt eines
wirren Traumes sich hüllt, wie es noch gerade gegen Ende des Stücks heißt:

„If this not be a dream, I see and hear."

Daß wir dieser Bedeutung unseres Lustspiels nicht so bewußt werden, wie ja zur Genüge die
meist äußerlich gehaltenen Kritiken desselben beweisen, hat seinen Grund eben darin, daß alle
Personen desselben dieser Infatuation gleichmäßig verfallen, wie an dieser Stelle der besonnene
Geschäftsmann Antipholus. Darum aber mußten alle Regungen und Bemühungen, der Vernunft
wieder zu ihrem Rechte zu verhelfen, von selbst um so heller hervortreten, wenigstens für die
Kritik. Und da ist, in dem weiteren Verlaufe der Handlung merkwürdig genug, daß fast genau
zu derselben Zeit, wo er, der bisher so ruhige Mann, der gebietenden Stimme der Leidenschaft
folgt, seine bis dahin so unkluge Adriana einen recht hübschen Anfang zur Besonnenheit macht,
nur daß sie freilich verhängnißvoller Weise, statt ihren eigenen Mann, wie sie wähnte, auf
den rechten Weg zurückzuführen, einen fremden aus seiner eigenen Bahn ablenkte.

Denn kaum hatte sie sich herzhaft ausgeweint, so traf sie, wie sie glaubte, mit ihrem Gemahl zusammen und drang mit so innigem Ernste, so überzeugender Ruhe, so hingebender Weiblichkeit in ihren vermeintlichen Abtrünnigen, daß wir auf den ersten Blick nicht Adriana zu sehen meinen. Aus dem erhabenen Pathos ihrer kunstfertigen oratio pro domo athmet solche Gluth der Leiden- schaft, so tiefe, würdevolle Gattenliebe, daß wir wirklich nahe daran sind, gerührt zu werden, sähen wir nicht den verbutzten Antipholus vor ihr stehen. Und doch, so wirksam sind die scharfen Pfeile feingespitzter Dialektik, daß der überraschte Mann als ihr Gemahl, ihre „Ulme" sich ab- führen läßt, an die sie als die schwächere Weinrebe sich von nun an hinaufranken will. Da sehen wir denn doch, daß es mit ihr nicht gar so schlimm stand, und daß es nur einer praktischen Auf- gabe für das unthätige Weib beburfte, die, wie es scheint, gar nicht einmal Familie hatte, um all die edlen Kräfte ihrer schlummernden Energie zu wecken*).

Aber so leicht sollte und durfte ihr der Sieg doch nicht werden. Ihr Schwager hatte die erste günstige Gelegenheit benutzt, in guter Art davon zu kommen. Er mochte sich im Grunde nicht wohler hier befinden, als sein Bruder bei dem Mädchen; Beiden war ja das Verhältniß aufgedrungen. Zudem befand er sich noch in ganz eigenthümlicher Lage. Adriana, in ihrer Herzensfreude, überschüttete ihn mit Liebkosungen, und er, wer wollte ihm, dem Unverheiratheten, das verdenken, hatte seine Augen auf ihre Schwester geworfen und, da er mit sich vollständig im Reinen war, ihr ohne viel Wesens einen Antrag gemacht; heißt es ja doch wohl nicht mit Unrecht: „Who ever lov'd, that lov'd not at first sight?" Allein zu seinem Schmerze wurde er gerade so von Luciana abgewiesen, wie er sich ihrer Schwester hatte erwehren müssen. Und diese Untreue zerriß ihr, Adriana, die Gebuld und zeigte, ein wie seltener Gast Beständigkeit bei ihr war. Auch hilft es ihr nicht, sich zu sträuben, die Last muß herunter vom Herzen, und nur Schelten kann sie lösen. Denn für solche Charaktere gilt recht eigentlich die Betrachtung des Ovid:

„Est aliquid, fatale malum per verba levare" etc.

Aber man sehe nur die zornigen Füße, man höre dies Schelten, um einen Begriff von der inneren Noth der armen Adriana zu erhalten:

I cannot, nor I will not, hold me still.
My tongue, though not my heart, shall have his will,
He is deform'd, crooked, old, and sere,
Ill-faced, worse-bodied, shapeless everywhere;
Vicious, ungentle, foolish, blunt, unkind;
Stigmatical in making, worse in kind.

Jetzt sehen wir, stehen wir mitten drin in der Komödie und hoffen auch, mit des Dichters Hülfe, den Humor so leicht nicht wieder zu verlieren, wenn auch Adriana die schmerzhaften Klagen ihres ohnmächtigen Herzens noch einmal in den erschütternden Wehruf zusammenfaßt:

„My heart prays for him, though my tongue do curse".

---

*) Auch hierin zeigt sich der große Irrthum derer, die in ihr weiter nichts zu erkennen vermochten, als ein eitles, leifendes Weib ꝛc. Zudem finden wir die stellenweis wörtlich an obige Gedankenreihe sich anschließende Ent- wicklung in der Rede der hochherzigen Tochter Cato's, s. Jul. Caes. II, 1 Enter Portia.

Es ist ja wohl, wie jener Thränenstrom, doch nur die Krisis eines genesenden Herzens, welches anfängt den kreisenden Zwiespalt in der eigenen Brust zu erkennen. Aber leider, in eben dem Grade, daß sich Adriana unser Vertrauen erwirbt, nimmt dasselbe gegen Luciana ab. Wer die kurzgefaßte und doch erschöpfende Theorie einer ächt heidnischen, mattherzigen Gelegenheits= politik in einem kunstgerechten Excurse über das trostloseste πρὸς ἡδονὴν ζῆν und zwar in ele= ganten vierzeiligen Strophen haben will, der lese ihre Worte in III. 2. Fürwahr, es giebt selbst im Alterthum Weniges, was sich der moralischen Haltlosigkeit dieser Rede an die Seite stellen ließe, noch dazu von einem sogenannten verständigen Mädchen in vollster Ruhe vorgetragen; und schwerlich würden wir dem Dichter verzeihen, daß er uns in einem so abschreckend grellen Lichte die gedankenlose Leere und unstäte Sittlichkeit einer unerfahrenen Jungfrau geschildert hat, in deren Herzen die Liebe noch nicht aufgegangen ist, wenn er nicht in vollkommenster künstlerischer Meister= schaft denjenigen Mann ihr direct gegenüber gestellt hätte, der als Mensch den subjectiven Beruf fühlt, sie aus den Banden dieser unklaren Befangenheit zu erretten und als Object der Kunst die uns angenehme Pflicht übernimmt, den peinlichen Eindruck jener einschneidenden Worte Lu= ciana's durch eine poetisch=schwunghafte Ideenreihe, wie sie Neuverliebten geläufig ist, in uns zu verwischen und so die von beiden Extremen gleich weit entfernte mittlere Grundstimmung allmälig wieder herzustellen. Es versteht sich, daß Licht und Schatten auch hier gleichmäßig vertheilt und das abnorm Häßliche von dem abnorm Erhabenen absorbirt wird. Und kaum hat der Künstler diesen Grundton, dessen neutrale Klangfarbe doch auf die Dauer monoton werden müßte, ange= schlagen, als er uns auch bei der Hand nimmt und durch eine Scene der allerderbsten, ausge= lassensten Komik des ganzen Drama's, in der auch jene bekannte historische Anspielung sich vor= findet, auf die heiteren Höhen unverwüstlichen Humors führt, auf denen wir in olympischer Selbsttäuschung nur ein Auge für die Tollheiten der Welt unter uns haben und endlich unbemerkt auf den gehaltvolleren dramatischen Hergang, der sich schon in den nächsten Scenen entwickeln soll, vorbereitet und empfänglich gemacht werden.

Und in diesem Hergange sehen wir Adriana in einer Weise betheiligt, die ihre ganze Energie weckt, die gebundenen Kräfte ihrer Weiblichkeit löst und sie endlich der dramatischen Ab= rundung, wie der ästhetisch=sittlichen Vollendung ihres eingebornen Wesens zuführt. Denn kaum hat sie, ihrem Manne, the poor distressed soul, zu Liebe ihn müssen binden lassen, als sie auch schon, von jetzt ab bis zu Ende des Lustspiels ganz und gar sich überlassen, nun nicht etwa vom Schauplatze abtritt, wie die Frau des Menaechmus, sondern, in den Vordergrund tretend, das wahrhaft treibende Princip wird, sie, die sich noch eben in selbstgeschaffenem Grame verzehrte. Ja, dieselbe Adriana, die zuerst schroff genug erklärte, nur Esel ließen sich zügeln, die dem nicht eben freundlichen Manne gegenüber, dem falschen Antipholus nämlich, sich dann zu der Concession verstand, sich als der schwächere Theil an dem stärkeren Manne zu stützen, alle Stö= rungen gleich wucherndem Unkraute von ihren eng verschlungenen Stämmen zu entfernen (II, 2: if aught possess thee from me etc.) und deren positives Gefühl der Liebe sich dann nochmals in die absolute Negation allerbittersten Hasses umsetzen sollte (IV, 2 Anf.), sie scheut plötzlich keine Gefahr, keine Beschwerde, keine List und keine Gewalt, wo es das Wohl ihres Gatten gilt. Da hat sie denn keine Zeit zum Besinnen, und wenn wir sie jetzt mit Bedienten und Herren, mit Schwester und selbst jenem Mädchen, mit einem pedantischen Geisterbanner*) und dem Executor, mit Kaufmann und Goldschmied zu thun haben und am Ende mit Aebtissin und Herzog unterhandeln sehen und zwar mit erfolgreichem Geschick, trotzdem die ganze Last auf ihren Schultern ruht, so kommt es uns vor, nicht nur als müßte sie, wie wir ja von vornherein ihr ansahen, viel ursprüngliche Thatkraft besitzen, sondern auch für alte Sünden jetzt Buße thun. Denn es war ihr wahrlich nicht leicht gemacht, und zweifelhaft schien der Ausgang; aber ihr unverzagter Muth führt sie sicher an das Ziel, und sie erlebt nicht nur die Freude, den eigenen, gleichsam selbstständig errungenen Gemahl in ihre Arme zu schließen, sondern auch die herzliche Freude der so lange Jahre getrennten Aeltern desselben, wie die hoffnungsvolle Liebe des jüngsten Paares zu erleben. Sie wird nun wohl so leicht nicht wieder mit ihrem und fremdem Glück tändeln, sondern die wohlgemeinte, verständige, wenn auch herbe Lection der erfahrenen Aebtissin, die ja jetzt obenein ihre Schwiegermutter ist, sich gesagt sein lassen (V, 1: And therefore came it, that the man was mad etc.); sie hat ja nun ihren Gatten wieder und bekommt auch noch die schöne, schwere Kette — kurz, wir setzen volles Vertrauen in sie und ihre Zukunft, denn:

„Spirits are not finely touch'd,
But to fine issues."

Auch können uns die schweren Versuchungen, denen sie nicht immer erfolgreich widerstanden, so wenig an ihr irre machen, daß wir gerade darin die innere Kraft ihrer tüchtigen Natur erkennen; und hierbei finden wir recht erfreulichen Beistand bei Shakspere selbst, der anderswo Jemand sprechen läßt:

„Since, I suppose, we are made to be no stronger,
Than faults may shake our frames." (M. f. M. II, 4.)

Die klare, kluge Einsicht in ihre Pflicht und die naive, inbrünstige Offenheit, mit der sie ihren Abfall davon bekennt, bürgten allein schon für die Gediegenheit ihres Charakters, und somit hatten wir doch wohl Recht, wenn wir gleich anfangs zu verstehen gaben, daß ein Wesen, welches das furchtbare Geständniß ablegen kann:

„My heart prays for him, though my tongue do curse,"
nun und nimmer aufzugeben sei **).

---

*) Es ist übrigens gar kein übler Humor, daß Shakspere von einem „Schulmeister" die „Geister austreiben" läßt, dem pedantischen Herrn „Pinch".

**) Wir sind, bei der offenbar geringeren Bedeutung für Charakterschilderung, die der Komiker dem Antipholus aus Ephesus zugetheilt hat, außer dem Obigen nicht weiter auf ihn eingegangen, auch nicht auf seine höchst ergötzliche löwengrimmige Wüthigkeit. Diesen urgermanischen, kraftstrotzenden furor teutonicus wissen wir recht gut zu beurtheilen, wenn nicht zu schätzen; denn wahrlich, nächst einem Menschen, der sich in dem flackernden Feuer seines ohnmächtigen Zornes verzehrt, ist uns für das praktische Leben nichts ein solcher Gräuel, als ein Mann, den keine Macht der Umstände zu gewaltiger, erhabener Leidenschaft, wie das deutsche Volk selbst in seinen großen, geschichtlichen Epochen, entflammen kann, eine Leidenschaft, die hier allerdings die Schranken des Komischen nicht überschreiten durfte. Anders unsere romanischen Nachbarn. Man höre: Dans les Méprises Shakspeare transforme le médecin

Jedoch dem altklugen, wetterwendischen Mädchen, die so eben erst sich im Gehorsam üben und darauf lieben wollte, und die nun doch schon so gründlich verliebt ist — ihr, der λόγοισι γενναία γυνή, haben wir noch ein Wort zu sagen. Wir versehen uns nichts Gutes von ihr. Sie muß schon jetzt, wenn sie sich's recht überlegt, zugestehen, daß es ihr ergehe wie weiland der Medea:

> — „aliudque Cupido,
> Mens aliud suadet."

Wie wahrscheinlich wird sie da nicht auch, gerade wie Jene, fortfahren:

> — „Video meliora, probroque,
> Deteriora sequor."

Denn wir sehen in ihr nur das Ebenbild der ihr so nahe verwandten Bianca, daher wird sie bald genug von viel schwereren „troubles", als den von ihr II, 1 angedeuteten, angefochten werden und nicht bloß einsehen, daß

> „Amor et melle et felle est iucundissimus",

sondern schon noch kennen lernen, daß die Ehe keineswegs eine äußerliche Aufgabe ist', für die ein mattherziges Mädchen das Schema im Kopfe tragen kann, und voraussichtlich wird die Gewöhnung an den Gehorsam, den sie sich ja heut so leicht dachte und so weise predigte, ihr noch einen Kampf kosten, der vielleicht nur mit dem Leben endet, und wobei weder sie, noch auch ihr Antipholus des Lebens froh wird, während ihre ringende Schwester längst ein Herz voll Dankbarkeit und Demuth erkämpft hat, denn:

> „Wer fertig ist, dem ist nichts recht zu machen;
> „Ein Werdender wird immer dankbar sein."

Antipholus aber wird sich warnen lassen und nicht, wie sein Bruder (II, 2 Enter Adr. and Luc.), sich in eitlen Schmeicheleien und Liebesbetheurungen gegen seine junge Frau ergehen, mögen sie ihm auch noch so sehr Bedürfniß sein, wie III, 2 deutlich genug durchblicken läßt, sondern bedenken, daß, gleich Bianca, das fromme, fügsame, anscheinend unbedeutende und exemplarische

---

en magicien. Le docteur (?) Pinch conjure Satan, logé dans un des frères jumeaux, de sortir du corps qu'il possède. Mais le jeune homme que le docteur veut lier, résiste, (so ist es nicht nach V, 1 Enter a servant) le lie à son tour, et brûle sa barbe avec des tisons ardents. On éteint le feu en jetant au pauvre homme des pelletées de fange infecte. Voilà une des inventions comiques dont la pièce anglaise a embelli l'ouvrage de Plaute." Aber daß Antipholus zur Courtezan geht, hat bei den ästhetisirenden Romanen durchaus kein Bedenken. Doch abgesehen von der possirlichen Art, mit welcher der Franzose auf der sich spreizenden Rossinante seiner spröden Kunstkritik sich zu halten bemüht ist, weiß man nicht, ob man bei vorstehender Probe „des pelletées de fange infecte", i. e. „great pails of puddled mire" mehr die Kühnheit der Uebersetzung oder der zu Grunde liegenden Vorstellung bewundern soll. Aber es scheint, als ob es in einer Beurtheilung der Shakspere'schen „Méprises" auf eine méprise mehr oder weniger nicht anfäme. Im Uebrigen sollte unser Herr Nachbar doch wissen, daß wir Germanen uns nun einmal jenem einfachen Naturfinn gerettet haben, dessen sich auch Lucian nicht schämt, wenn er sagt: ἐγὼ γάρ, ὡς ὁ Κωμικός ἔφη, ἄγροικός εἰμι, τὴν σκάφην σκάφην λέγων; oder wie Shakspere sich ausdrückt: „We call a nettle but a nettle; and the faults of fools but folly", sollte er nicht etwa auch an dieser teutonischen Derbheit Anstoß nehmen.

Mädchen aller Wahrscheinlichkeit nach eine äußerst eigensinnige, wiederspänstige, unbändige Frau, eine shrew im wahren Sinne werden wird, wenn er nicht seiner vollen männlichen Besonnenheit Herr bleibt. Ob sie auch als Frau ihm jene laxe Moral von Act III, sc. 2 gestatten oder der gesunden, vernünftigen Adriana in II, 1 v. 32 nicht Recht geben und statt der Schale doch nach dem Kerne verlangen wird, wie ihre tiefere Schwester, kann kaum zweifelhaft sein. Jedenfalls ist es ein Zeichen ihrer guten Laune, daß sie, die heut erst wieder Zeugin so heftiger Auftritte war, zu denen eine Ehe Veranlassung giebt, doch ohne Zaudern und wohlgemuth die nächste Gelegenheit ergreift, ein ähnliches Wagniß zu bestehen. Indessen alle trüben Betrachtungen verschwinden vor dem ehrwürdigen alten Paare, die wie ein lichtes Doppelgestirn an dem ehelichen Himmel glänzen, mild und besänftigend. So bildet Aegeon und Aemilia das Paar, welches die Fluth glücklich überwunden hat und so eben im Begriff steht, am jenseitigen Ufer an das köstliche Land zu steigen; während Adriana und Antipholus noch mitten im Strudel mit den Fluthen ringen, Luciana aber mit ihrem Erwählten im Begriff steht, ihnen nachzufolgen, um bald gleiche Gefahren zu theilen.

Oder man könnte sagen, daß in dem alten Paare die sich schließende, unauflösliche Kette, die endliche Versöhnung der Idee mit dem Subjecte als Träger, in dem mittleren das Suchen nach den Enden der gesprengten Kette, der gewaltsame Durchbruch des Idealen durch die Schranke der Persönlichkeit und theilweise Rückkehr in dieselbe, in dem jüngsten Paare aber die noch ungetheilte Kette, die im Begriff steht sich zu öffnen, die Geschlossenheit der Idee in dem unentwickelten Bewußtsein der polaren Gegensätze des Lebens, mithin der ewig sich frisch und hoffnungsvoll erneuernde Kreislauf der in das Leben eintretenden Idee dargestellt werden sollte. Man könnte dies auch so fassen, daß in Aemilia und Aegeon die Idee der tragischen Versöhnung der Liebe, in Adriana und Antipholus Eph. ihre komische Entzweiung, so wie in Luciana und Antipholus Syr. die humoristische Schürzung derselben sich darstelle. Somit wäre Luciana die noch nicht erschlossene Knospe, von der daher Niemand sagen kann, ob sie nicht den Wurm in sich verberge, Adriana die lebendig treibende Blumen- und Blätterfülle und Aemilia mit ihrem Gemahl die goldene Frucht am Baume des Lebens, ein Gesichtspunkt, von dem aus manches Einzelne, und, weil sonst wohl oft von dem Grundgedanken gelöst, vielleicht nicht vollkommen Verstandene, wie Sprache, Ausdrucksweise, Gedankengang und Lebensanschauung der handelnden Hauptpersonen nun erst in das rechte Licht treten wird. Ja es ist geradezu unmöglich, alle Schönheiten der dramatischen Ausführung, die sich von diesem Gesichtspunkte eröffnen, nach Gebühr hervorzuheben, noch auch hinzuweisen auf den vielfachen Unterschied in den Einzelheiten der Charakterisirung von anderen Kritiken, da dieselben zu klar und prinzipiell sind, um nicht Jedermann sofort einzuleuchten, der sich dieser erinnert. Aber unerwähnt kann ich doch nicht lassen, mit welcher Freiheit der Dichter sich selbst in der ihm so schlecht passenden Zwangsjacke der Einheiten bewegt *). Aber während wir bei Plautus, gleich einem im Traum Entrinnenden, doch immer

---

*) Pope's Aeußerung: „To judge therefore of Shakespear by Aristotle's rules, is like trying a man by the laws of one country, who acted under those of another" hat zwar ihre vollkommene Rich-

6*

an dieselbe Stelle uns gefesselt fühlen und dabei die Körnchen im Stundenglase fast zählen kön=
nen, stürzen diese Mauern bei dem ersten Trompetenstoße der gebietenden Stimme Shakspere's,
und die vollendete Kunstschöpfung, obgleich kaum einen Tag umfassend, prangt in dem breiten,
reichen Rahmen von 25 schweren Jahren *).

Eine andere Schönheit dieses Dramas, welches sich durch die sprudelnde Quelle reich=
haltigster Intrigue vor andern dazu eignete, ist die genaue relative Schattirung der Charaktere
und ihre auf der neutralisirenden Unterlage grober sinnlicher Komik wie im Hautrelief hervortretende
subjective Bestimmtheit. Shakspere befolgt eben auch hier ein Gesetz, welches schon Donat er=
kannt hat, so unmittelbar erwächst es aus der Komödie; er sagt nämlich zu Ter. Eun. III, 1,
42: „Disciplina est Comicis, ut stultas sententias, ita etiam vitiosa verba adscribere
ridiculis imperitisque personis."

---

tigkeit für den Dichter im Allgemeinen, findet aber doch hier eine Ausnahme; die Einheiten sind wirklich festgehalten,
auch die schwierigste der Zeit. So ist es I, 2 etwa 12 Uhr: within this hour it will be dinner-time;
bald darauf: the clock hath struck twelve upon the bell; II, 1 Anf. ist es 2 Uhr: sure, Luciana, it is
two o'clock; dazwischen also Pause von ca. 1½ Stunde. Damit stimmt freilich nicht ganz II, 2 Anf., nam.
by computation etc. Aber es ist ganz klar, daß Adriana in ihrer Ungeduld übertrieben hat. Das: In Ephesus I am but two hours old in II, 2 hinter der Standrede Adriana's, braucht dem Eingange in I, 2 nicht zu
widersprechen. Das some hour hence am Ende von III, 1 stimmt jedoch nicht recht einerseits mit to her will
we to dinner übereln, wie mit: and soon at supper-time I'll visit you in III, 2.ent. Ang. und at five
o'clock Act IV, Anf. andererseits, wie auch noch zwischen Act III, 1 Anf.: and that to-morrow you will
bring it home, und gleich am Ende derselben Scene: by this, I know, 'tis made ein directer Widerspruch
besteht. Von dem 4ten Acte ab tritt im Drange der Umstände freilich eine Neigung hervor, es nicht allzu ängstlich
mit der Zeit zu nehmen, was sich befanntlich den Menaechmen eben so gut nachsagen läßt, bis es schließlich im 5ten
Acte heißt: by this, I think, the dial points at five.

*) Auch hierbei darf man natürlich keine arithmetische Genauigkeit vom Dichter beanspruchen. Aemilia
selbst faßt am Schlusse des Ganzen ihre Leidensgeschichte allerdings in den Worten zusammen:

   Twenty-five years have I but gone in travail
   Of you, my sons.

Ihr Gemahl dagegen, der ein eben so gutes Zahlengedächtniß zu haben scheint, äußerte kurz zuvor:

   But seven years since, in Syracusa, boy,
   Thou know'st we parted,

was mit seiner früheren Angabe in I, 1:

   My youngest boy, and yet my eldest care,
   At eighteen years became inquisitive etc.

gleichfalls 25 Jahre giebt. Hiernach betrüge also die Lücke zwischen der Abreise des Antipholus und seines Vaters
Aegeon (five summers have I spent etc.) 2 Jahre. Nur was in V, 1 der Herzog sagt:

   twenty years habe I been patron to Antipholus,

und bald darauf dieser selbst:

   brought to this town etc.

stimmt hiermit nicht, wenn man nicht geradezu annehmen will, er sei als fünfjähriger Knabe von Menaphon nach
Ephesus gebracht.

Darum aber haften auch die von Jenen erhaltenen Eindrücke so tief und steigern sich, wie schon oben angedeutet, in streng kunstgerechter Form fortschreitend zu immer großartiger an= wachsenden Dimensionen gegen den letzten Act hin, der den noch einmal auf das Schlimmste verworrenen Knäuel Schlag auf Schlag zu unserer Befriedigung löst.

Aus dieser ganzen Deduction geht hervor, wie wesentlich und grundsätzlich von dem Ur= theile der bekannten und bedeutenderen Kritiker das unsrige abweicht. Die Bedenken, die darin lagen, konnten uns unmöglich verborgen bleiben und mußten eine wiederholte sorgfältige Prüfung der eigenen Auffassung auf das Dringendste anrathen. Aber, je mehr wir ihren Motiven wie den entgegenstehenden Einwürfen nachdachten, um so fester wurzelte die Ueberzeugung, im Ganzen und Großen das Richtige getroffen, d. h. Shakspere nicht mißverstanden zu haben. Doch sind wir es unseren Vorgängern auf diesem Gebiete schuldig, unsere Stellung ihnen gegenüber wenn auch kurz doch bestimmt anzugeben.

Zwei Sätze sind es besonders, die der Unbefangenheit ihres Urtheils bedeutenden Eintrag gethan haben, und zwar in solchem Grade, daß, wo sie nicht geradezu als die leitenden Princi= pien der Kritik an die Spitze gestellt sind, sie doch jedenfalls den Grundton derselben beherrschen. Der nachtheilige Einfluß solcher Voraussetzungen für eine unbefangene Analyse des Gegenstandes müßte selbst dann zu Tage liegen, wenn sie auf factischer Wahrheit beruhten, um wie viel mehr jedoch, wenn sich gar das Gegentheil erweisen ließe. Und das ist zum Glück bei dem ersten jener Vor= urtheile nicht schwer, ich meine die Ansicht von dem, was Gervinus unter dem sonderbaren Namen der pathologischen Natur des Dramas versteckt, Kreyssig dagegen ohne Scheu gerade heraus nennt, wonach das ganze schöne Lustspiel zu einem geistigen Mäuserungsproceß des Dich= ters, einer bloßen dramatischen Umschreibung gleichsam jener launigen Aeußerung des Afranius zusammenschrumpfen würde:

„Haud facul, ut ait Pacuvius, femina invenietur bona."

Es liegt nahe, diese Ansicht, wie ja auch geschehen, fortzubilden, so daß Shakspere auf Grund Hamlet's zu einem mit der Welt zerfallenen Hypochonder gestempelt wurde, und den Dich= ter in ein wahres Chamäleon von Charakter und Gesinnung umzuschaffen.

Wie wenig ein solches Vorurtheil an das Verständniß des objectiven Schöpfers der genialsten Dramen hinanreicht, dessen ist sich Gervinus natürlich wohl bewußt geworden, wes= halb er sich in den Worten:

„Wir sagen das blos als eine Vermuthung, auf die wir nicht viel Werth legen wollen;" ꝛc. ꝛc.

den Anschein geben möchte, als hätte das seine Kritik nicht beeinträchtigt, und doch ist in Wirklichkeit die ganze Argumentation nur hierauf zugespitzt, ja so weit reicht die verhängnißvolle Gewalt jenes Vorurtheils, daß nach ihm schon Aemilia ihrem Aegeon auch aus Eifersucht nach Epidamnus nacheilt, während es doch nur für jeden Unbefangenen klar zu Tage liegt, daß es, ganz abgesehen von der innigen Schilderung, die Aegeon von seiner glücklichen Ehe giebt, ganz allein „the pleasing punishment that women bear" war, welches sie natürlich genug veranlaßte, die Stütze des geliebten Mannes auf jede Gefahr hin zu suchen. Es läßt sich allein schon hieraus abnehmen, wie ungemein die Beurtheilung der anderen Charaktere, namentlich Adriana's, die bei Kreyssig stellenweis geradezu in eine Carrikatur umschlägt, gelitten haben muß. Und worauf endlich stützt sich das ganze Gebäude? Auf den Mythus, ja man kann nur sagen, die Erdichtung von Shakspere's unglücklichem Familienleben, eine Hypothese, welche Gervinus, bei aller Achtung vor seinen sonstigen Forschungen, doch nicht ehrlich versicht, wenn er ganz beiläufig sagt (II, 241): „Wir haben oben erfahren, daß Sh. unglücklich verheirathet war", und wenn wir dann oben (d. h. p. 49) nachschlagen, uns mit den dürren Worten abfindet: „Auch scheint Shakspeare's häusliches Leben kein glückliches Leben gewesen zu sein." Haben wir hiernach noch nöthig, auf eine Sache weiter einzugehen, deren Widerlegung so nahe gelegt wird, und heißt das nicht, etwas in den Dichter hineintragen, wie Gervinus das I, 235 Ulrici vorgeworfen hat? Was aber von Gervinus gilt, der diese historische Kritik besonders ausgebildet hat, die freilich anderswo, wie namentlich bei den Sonetten, sehr wohl angebracht ist, trifft natürlich eben so seine Vorgänger wie Nachfolger.

Der zweite Punkt betrifft die allgemein und nicht ohne gute Gründe aufgestellte Annahme, daß unser Lustspiel eine Jugendarbeit des Dichters sei, vielleicht die Erstgeburt seiner komischen Muse. Anstatt jedoch hieraus Veranlassung zu nehmen, die Keime seines aufstrebenden Geistes erst recht aufmerksam zu prüfen und dem mehr als gewöhnlich versteckten Gedankengange in dem fundamentalen Grundbau seiner Thätigkeit nachzuforschen, hat dies vielmehr die Kritik von vorn= herein beeinträchtigt, zuweilen so weit, daß Hallam dies Drama geradezu zu denen dritter Klasse zählt, und Coleridge ihm den Titel einer Farce beilegt, während Adriana sowohl wie ihre Schwester unter den 45 Frauencharakteren der „neuen Shakespeare Gallerie" der Ehre eines Platzes gar nicht gewürdigt sind. Der Grund davon ist der, daß man, von der Originalität und dem Reichthum der Gedanken jeder einzelnen dramatischen Schöpfung geblendet den syste= matischen Ueberblick über das Ganze der Entwicklung verlor. Ulrici ist der Einzige, der wesent= lich den organischen Zusammenhang der Shakspere'schen Dramen ins Auge gefaßt hat, nur daß er, bei der geringen Unterstützung seiner Vorgänger vollauf hiermit beschäftigt, der Kritik im Einzelnen nicht immer, wie z. B. in unserer Komödie, in gleicher Weise gerecht werden konnte. Daher blickt Ulrici auch allein auf dieselbe nicht als auf eine Jugendarbeit mit Ge= ringschätzung herab. Nun scheint uns aber selbst dieser Begriff doch eine wesentliche Beschrän= kung zu erleiden, insofern als einzelne Theile ganz offenbar in einer reiferen Periode neu geschaffen wurden, was schon dadurch an Wahrscheinlichkeit gewinnt, daß das Drama zuerst in der Folio= ausgabe 1623 erschien. Jene Theile geben aber das her, was wir oben in der Einleitung das tragische Element genannt haben und dessen tief=humoristische Färbung bei jener Gelegenheit charakterisirt wurde, also die ganze erste Scene und die mit der Abbess in Verbindung stehenden Partien des fünften Actes, mit ausgesprochener Ironie, auch II, 2 z. Th., wozu denn auch der erste Theil von I, 2 bis Enter Dromio gehören würde. Erst hiermit beginnt die durch= triebene Komik des jugendlichen Dichters, und es ist wahrscheinlich, daß einige den ent= sprechenden Motiven des Plautus sich annähernde komische Scenen jene humoristischen und iro= nischen Theile früher ersetzten, eine Annahme, die natürlich hier auf sich beruhen muß. Der philoſophiſche Gedanke aber, den, vermuthlich angeregt von Schlegel, Bd. 3, p. 96 ed. Heidelberg 1817, Ulrici in die Grundidee des Stückes, wie Gervinus ſagt, hineingetragen hat, und der eine nothwendige Folge der ihm eigenen antithetiſchen Betrachtung iſt, läßt ſich, ſollte man meinen, doch immer dankbar anerkennen, wenn auch daburch für die genetiſche Entwickelung der Charaktere ſelbſt nichts gewonnen iſt.

Rechnet man hierzu, wie der den Kritikern doch meiſt unbewußt vorſchwebende gehaltloſere Stoff der plautiniſchen Menaechmi und die leidige Jagd nach Unwahrſcheinlichkeiten, die, ſo lange ſie nicht zu Unmöglichkeiten ausarten, doch gerade recht eigentlich das Element der Kunſt zum Gegenſatze gegen das alltägliche Leben und nicht einen ihr anhaftenden Makel bilden, der geſunden, unbefangenen Kritik Eintrag gethan haben, ſo darf man ſich über das Shakſpere für dies Luſtſpiel widerfahrene Unrecht nicht beſonders wundern.

Aber eben darum wird man es uns um ſo mehr vielleicht Dank wiſſen, daß wir die Mühe einer rein objectiven Kritik nicht geſcheut haben, die eben ſo darauf ausgeht, einem dramatiſchen Kunſtwerke in den von dem Dichter geſchaffenen Charakteren zu der ihm gebührenden Würdigung zu verhelfen, als ſie, meiſt ohne unſer Wiſſen, zu einem, wenn auch noch ſo unbedeutenden Werke der Humanität erwachſen mag *). Denn die wahre Frucht des Studiums der Kunſt iſt und bleibt die Erkenntniß, daß die von dem Dramatiker in poetiſch abgeſchloſſener Geſtaltung ins Leben gerufenen Weſen unſere Kämpfe führen, unſere Leiden dulden und unſeren Fehlern erliegen oder ſiegreich entgegentreten. Nur ſo findet ſich der Menſch, das „pendulum betwixt a smile and tear", in deſſen Weſen eine vollkommen gleiche Spannung zwiſchen dem Jdealen und Realen nicht möglich und aller Wahrſcheinlichkeit nach noch weniger wünſchenswerth iſt, in allen Erſcheinungen des vergänglichen wie des unveräußerlichen Lebens echt künſtleriſcher Schöpfungskraft in reiner Miſchung wieder. Anſtatt daher in der Comedy of Errors einen unbedeutenden Verſuch, „eine flüchtige, nur roh umriſſene Jugendſkizze" zu erkennen, wiſſen wir, ohne ſie damit den Werken ſeiner vollendeten Reiſe in der Ausführung gleichzuſtellen, es Shakſpere vielmehr Dank, daß er, mit faſt beiſpielloſer Genialität die drei bedeutſamſten Stadien menſchlicher Entwicklung in dem kleinſten Zeitmaße umſpannend, gleich Aufgang, Mittag und Untergang, nach dem bunten Treiben eines heißen Tages uns ſo zu ſagen auf eine

---

*) Meine hier allerdings und aus guten Gründen nur angedeutete Anſicht wird paſſend erläutert durch den gemüthvollen Ausſpruch von Bergk de reliquiis com. att. ant. p. IX: Unde enim censes comicae poesis origines repetendas esse, nisi ex illo dolore atque aegritudine, qua pius honestusque animus afficiatur, si intentiore cura rerum et humanarum et divinarum consideret conversiones vicissitudinesque, si omnia mixta temere atque ita perturbata esse animadvertat, ut ex virtutibus finitimum quoddam vitium atque malum efflorescat, si denique quasi divinitus auguretur, fore ut proclivi et praecipiti cursu omnia collabantur. Ab hac aegritudine atque moerore poeta ut animum liberet, omnesque sollicitudines detrahat atque pellat, ea, quae ipse sentit atque expertus est, palam atque foras profert (dagegen haben wir uns jedoch oben auszuſprechen müſſen); *itaque imaginem quasi quandam ipsius vitae proponit, quae aliis quoque, qui intueantur, medicinam atque aegritudinis solatium afferat.*

ſtille Anhöhe führt, von der wir auf ein friedliches, im Golde der Abendſonne ſchimmerndes Thal blicken, aus dem die leiſen, reichen Harmonien dreifach verſöhnter Liebe in den gedämpften Accorden voller, durch Leiden geprüfter Menſchenherzen trotz aller vorangegangenen Ausgelaſſenheit und Leidenſchaft dennoch in ernſter, tröſtlicher Mahnung heraufklingen *).

W. Claus.

---

*) Schließlich will ich noch, da Ritſchl jenes oben erwähnte Citat aus Alb. von Eybe auch ſonſt in ſeinem Proleg. im 1. Bande der Ausgabe des Plautus, jedesmal aber unrichtig anführt, die hierauf bezügliche Stelle aus deſſen Vorwort zur „Comedien in Bachide", ſo weit ſich das typographiſch ausdrücken läßt, genau angeben: „Plautus der poeta iſt bürtig geweſen auß ainer ſtat genannt Sarſina, gelegen in Tuscanier land, un iſt lange zeit geweſen vor chriſti unſers herren geburt, un hat gemacht VIII bücher in latein die man gemainclich hat, aber diſes hernach geſchriben püchlin (eben die Bacchides oder Bachis, wie es Eybe ſelbſt nennt) mit ſampt andern aylffen, die ſein lange zeit wol bey fünffhundert jaren ob mer verloren un verporgen geweſen, un neulich im Concilio zu Baſel wider gefunde, alſo dz die materi wild neü iſt bey geleerten un ungeleerten, un darub deſter luſtiger un gl:licher zu leſen. Man vergl. hierzu S. 20, Anm. 1 und leſe in der Anm. zu Seite 10 ſtatt p. 00 — p. 20, wie p. 2 Z. 8 v. unten Greene und p. 9 Z. 7 v. u. Aegeon.

Bericht über das Schuljahr von Michaelis 1860—1861.

Unserer Schule ist in diesem Jahre eine große Freude zu Theil geworden. Sie hat eine Stiftung erhalten, welche für alle Zeiten Lehrern und Schülern zu Gute kommen wird. Diese Stiftung ist durch den Herrn Stadtrath Hellwig in seinem und im Namen seiner Gemahlin geschehen und wird

die Hellwigsche Stiftung

heißen.

Die Urkunde dieser Stiftung lautet:

Ich der Stadtrath und See- und Handelsgerichts-Assessor Carl Friedrich Hellwig und ich dessen Ehefrau Catharina Maria Caroline geborne Mayr haben am 25. (fünf und zwanzigsten) Januar 1861 (Ein Tausend Acht Hundert ein und Sechszig) mit dem Magistrate der Stadt Stettin einen Vertrag abgeschlossen, durch welchen uns der, der Stadt gehörige Theil des Gartens No. 46 c auf der Unterwiek auf Lebenszeit oder bei einer etwaigen Erweiterung der Stadt auf die im Vertrage näher bestimmte Zeit verpachtet ist. Als Gegenleistung haben wir der Stadt unter Anderem Vier Tausend Thaler gezahlt, über deren von der Verpächterin mit 4½ % (vier und ein halb pro Cent) zu entrichtende Zinsen wir uns zu milden städtischen Zwecken zu verfügen verpflichtet haben. —

Dies vorausgeschickt, errichten wir in Ausführung des §. 7 des obengedachten Vertrages folgende milde Stiftung:

Die Stadt Stettin ist nach dem Vertrage vom 25. Januar 1861 verpflichtet, die von uns gezahlten 4000 Thaler auf ewige Zeiten jährlich und zwar in halbjährlichen Raten mit Einhundert und Achtzig Thalern zu verzinsen. Diese Zinsen sollen vom Todestage des Letztlebenden von uns, oder von dem Tage ab, an welchem wir, dem gedachten Vertrage gemäß, den Pachtbesitz des Grundstücks No. 46 c. auf der Unterwiek aufgeben werden, zu einer vom hiesigen Magistrate abgesondert zu verwaltenden

„Hellwigschen Stiftung"

genommen und in folgender Art zum Besten der hiesigen städtischen Friedrich-Wilhelms-Schule verwendet werden:

7